[PARA UM TÚMULO DE ANATOLE]
[POUR UN TOMBEAU D'ANATOLE]

STÉPHANE MALLARMÉ

[PARA UM TÚMULO DE ANATOLE]
[POUR UN TOMBEAU D'ANATOLE]

Tradução de Guilherme Gontijo Flores

Curitiba, 2021

Kotter Editorial, 2021.
Direitos reservados e protegidos pela lei 9. 610 de 19. 02. 1998.
É proibida a reprodução total ou parcial sem autorização, por escrito, da editora.

COORDENAÇÃO EDITORIAL: Sálvio Nienkotter
EDITORES-EXECUTIVOS: Francieli Cunico, Raul K. Souza
EDITOR-ASSISTENTE: Daniel Osiecki
COORDENADORES DA COLEÇÃO REVOADA: Guilherme Gontijo Flores, Sergio Maciel
REVISÃO: Ana Cláudia Romano Ribeiro
PROJETO GRÁFICO: Cintia Belloc
PRODUÇÃO: Cristiane L. Nienkotter

Dados Internacionais de Catalogação na Publicação (CIP)
Angelica Ilacqua CRB-8/7057

Mallarmé, Stéphane, 1842-1898
Para um túmulo de Anatole = Pour un tombeau d'Anatole / Stéphane Mallarmé; tradução de Guilherme Gontijo Flores. – Curitiba: Kotter Editorial, 2021.
235 p.

Edição bilíngue português, francês
ISBN 978-65-86526-99-8
Título original: *Pour un tombeau d'Anatole*

1. Poesia francesa I. Título II. Flores, Guilherme Gontijo

21-0449   CDD 841.8

KOTTER EDITORIAL
Rua das Cerejeiras | 194
82.7700-510 | Curitiba | Paraná
+55 (41) 3585-5161
www.kotter.com.br | contato@kotter.com.br

SUMÁRIO

11 | *TRADUZIR UM TÚMULO INEXISTENTE*

19 | *1*
20 | *2 [1]*
21 | *4 [3]*
22 | *5 [4]*
23 | *6 [5]*
24 | *7 [6]*
25 | *8 [7]*
26 | *9 [8]*
27 | *10 [9]*
28 | *11 [10]*
29 | *12 [11]*
30 | *13 [12]*
31 | *14 [13]*
32 | *15 [14]*
33 | *16 [15]*
34 | *17 [16]*
35 | *18 [17]*
36 | *19 [18]*
37 | *20 [19]*
38 | *21 [20]*
39 | *22 [21]*
40 | *23*
41 | *24 [22]*

42 | *25 [23]*
43 | *26 [24]*
44 | *27 [25]*
45 | *28 [26]*
46 | *29 [27]*
47 | *35 [28]*
48 | *34 [29]*
49 | *33 [30]*
50 | *32 [31]*
51 | *31 [32]*
52 | *30 [33]*
53 | *36 [34]*
54 | *37 [35]*
55 | *38 [36]*
56 | *39 [37]*
57 | *40 [38]*
58 | *41 [39]*
59 | *42 [40]*
60 | *43 [41]*
61 | *44 [42]*
62 | *45 [43]*
63 | *46 [44]*
64 | *47 [45]*
65 | *48 [46]*
66 | *49 [47]*
67 | *50 [48]*
68 | *51 [49]*
69 | *52 [50]*
70 | *53 [51]*
71 | *54 [52]*
72 | *55 [53]*
73 | *56 [54]*
74 | *57 [55]*
75 | *58 [56]*
76 | *59 [57]*
77 | *60 [58]*
78 | *61 [59]*
79 | *[60]*

80	|	*63 [61]*
81	|	*64 [62]*
82	|	*65 [63]*
83	|	*66 [64]*
84	|	*67 [65]*
85	|	*68 [66]*
86	|	*69 [67]*
87	|	*70 [68]*
88	|	*71 [69]*
89	|	*72 [70]*
90	|	*73 [71]*
91	|	*74 [72]*
92	|	*75 [73]*
93	|	*76 [74]*
94	|	*77 [75]*
95	|	*78 [76]*
96	|	*79 [77]*
97	|	*80 [78]*
98	|	*81 [79]*
99	|	*82 [80]*
100	|	*83 [81]*
101	|	*84 [82]*
102	|	*85 [83]*
103	|	*86 [84]*
104	|	*87 [85]*
105	|	*88 [86]*
106	|	*89 [87]*
107	|	*90 [88]*
108	|	*91 [89]*
109	|	*92 [90]*
110	|	*93 [91]*
111	|	*94 [92]*
112	|	*95 [93]*
113	|	*96 [94]*
114	|	*97 [95]*
115	|	*98 [96]*
116	|	*99 [97]*
117	|	*100 [98]*

118		*101 [99]*
119		*102 [100]*
120		*103 [101]*
121		*104 [102]*
122		*105 [103]*
123		*106 [104]*
124		*107 [105]*
125		*108 [106]*
126		*109 [107]*
127		*110 [108]*
128		*111 [109]*
129		*112 [110]*
130		*113 [111]*
131		*114 [112]*
132		*115 [113]*
133		*116 [114]*
134		*117 [115]*
135		*118 [116]*
136		*119 [117]*
137		*120 [118]*
138		*121 [119]*
139		*122 [120]*
140		*123 [121]*
141		*124 [122]*
142		*125 [123]*
143		*126 [124]*
144		*127 [125]*
145		*128 [126]*
146		*129 [127]*
147		*130 [128]*
148		*131*
149		*132 [129]*
150		*133 [130]*
151		*134 [131]*
152		*135 [132]*
153		*136 [133]*
154		*137 [134]*
155		*138 [135]*

156	*3 [2]*
157	*139 [136]*
158	*140 [137]*
159	*141 [138]*
160	*142 [139]*
161	*143 [140]*
162	*144 [141]*
163	*145 [142]*
164	*146 [143]*
165	*147 [144]*
166	*148 [145]*
167	*149 [146]*
168	*150 [147]*
169	*151 [148]*
170	*152 [149]*
171	*153 [150]*
172	*154 [151]*
173	*155 [152]*
174	*156 [153]*
175	*157 [154]*
176	*158 [155]*
177	*159 [156]*
178	*160 [157]*
179	*161 [158]*
180	*162 [159]*
181	*163 [160]*
182	*164 [161]*
183	*165 [162]*
184	*166 [163]*
185	*167 [164]*
186	*168 [165]*
187	*169 [166]*
188	*170 [167]*
189	*171 [168]*
190	*172 [169]*
191	*173 [170]*
192	*174 [171]*
193	*175 [172]*

194 | *176 [173]*
195 | *177 [174]*
196 | *178 [175]*
197 | *179 [176]*
198 | *180 [177]*
199 | *181 [178]*
200 | *182 [179]*
201 | *183 [180]*
202 | *184 [181]*
203 | *185 [182]*
204 | *186 [183]*
205 | *187 [184]*
206 | *188 [185]*
207 | *189 [186]*
208 | *190 [187]*
209 | *191 [188]*
210 | *192 [189]*
211 | *193 [190]*
212 | *194 [191]*
213 | *195 [192]*
214 | *196 [193]*
215 | *197 [194]*
216 | *198 [195]*
217 | *199 [196]*
218 | *200 [197]*
219 | *201 [198]*
220 | *202 [199]*
221 | *203 [200]*
222 | *204 [201]*
223 | *205 [202]*
224 | *206*
225 | *207*
226 | *208*
227 | *209*
228 | *210*
229 | *[Folhas isoladas]*

231 | *NOTAS*

TRADUZIR UM TÚMULO INEXISTENTE

*Hugo, dizia ele, é feliz por ter conseguido falar (a respeito
da morte da filha), já eu, isso pra mim é impossível.*

(Geneviève Mallarmé, sobre o luto do pai)

No fim de março de 1879 o pequeno Anatole Mallarmé —
nascido em 16 de julho de 1871, filho de Stéphane Mallarmé (1842-
1898) e Maria Christina Gerhard (1839-1910), irmão caçula de
Stéphanie Françoise "Geneviève" Mallarmé (1864-1919) —, que já
veio de uma gravidez complicada e de uma primeira infância marcada
por fragilidades, apresentou os primeiros sinais de sua doença, para
já estar morto em seis de outubro do mesmo ano, com apenas oito
anos de idade. O que parecia um reumatismo infantil se complicou
por um coração distendido e algo da ordem da ascite ou hidropisia,
levando o pequeno a um fim prematuro (que o pai passou a considerar
como culpa própria por herdar ao filho um "mau sangue", dado o
seu reumatismo crônico desde a adolescência). Diante do luto pelo
querido Tole ou Totol que assolou toda a casa, Mallarmé passou
os meses seguintes esboçando um projeto de *Túmulo de Anatole*,

que ficaria inacabado (e sem qualquer anúncio em suas cartas), mas que nos chegou graças às notas registradas em cerca de 200 folhas, feitas no inverno de 1879-1880, e que só vieram a ser editadas pela primeira vez por Jean-Pierre Richard em 1961, mais de sessenta anos depois da morte do poeta. Aqui vemos um esboço em que o poeta do "desaparecimento elocutório do sujeito" luta para cantar sua dor de modo transfigurado e mais abstrato.

O inacabamento do projeto é tal que até seu nome é conjetura (aparece como sugestão de título apenas na folha 135), bem como o gênero que a obra tomaria (vemos uma predominância do lírico e do dramático, mas nada garante o uso de versos); porém podemos depreender como buscaria representar o drama transfigurador da doença e morte do pequeno Anatole numa dimensão mais abstrata, bem do feitio mallarmaico, em que temos os nomes de personagens de modo vago, como Pai, Mãe, Filho, Filha e Morte, com uma indicação menor, porém também importante, da Noiva e da Terra. Também sabemos que seriam três partes: 1) antes da doença; 2) a doença; e 3) morte da criança. No entanto vemos que, para Mallarmé, a morte não é um corte único, porque o cerne parece se dar na doença do filho, que ainda vivo já emerge como moribundo e aparição fantasmática; com isso temos uma espécie de morte irrealizada (note-se como a criança é sempre representada como ignorante de sua própria morte, enquanto o pai vive no clarão dessa certeza antecipada), que se desdobra no pranto da mãe e na figura do pai que reabsorve o filho em seu próprio espírito e se torna assim herdeiro de seu herdeiro; e também numa espécie de reparação dos vínculos frágeis entre pai e mãe.

Não quero aqui fazer análise detalhada ou hermenêutica das notas de Mallarmé (o estudo introdutório de Richard já o faz com primor). Apresento portanto um projeto tradutório-afetivo que iniciei ainda em 2010, quando não tinha nem Íris (2011), nem Dante (2014), um casal de filhos em minha vida, nem sabia que faço aniversário no mesmo dia de Mallarmé, mas apenas intuía — fora das coincidências da vida — o que poderia ser a dor da perda de um filho; hoje continuo sem saber, porque é um sofrimento intransferível, porém já vi a dor dos outros, a ponto de perceber que ela nos atravessa muito além da pele. Retomei o projeto durante a quarentena geral forçada pela pandemia do coronavírus, em desenvolvimento no Brasil. De algum modo, o luto antecipado das mortes iminentes me fez inconscientemente retornar ao trabalho de luto antecipado descrito por Mallarmé. Para mim, estas notas de Mallarmé são o *memento mori* das famílias para além de cada indivíduo. Por isso jogo no limite entre o trabalho de recriação poética fragmentária, porém guardando ao máximo a trama conceitual desse drama abstrato mallarmaico. Como só conheço os quatro trechos traduzidos por José Lino Grünewald na antologia *Poemas* de Mallarmé em português (2, 51, 78, 130 e 149 na nossa numeração), me senti impelido, ao longo desses anos, a retornar e fazer o conjunto completo.

Sigo a edição de Bertrand Marchal, da Pléiade, de 1998, marcando entre colchetes a numeração da edição de Jean-Pierre Richard, de 1961. Marchal faz uma série de conjeturas para organizar o texto em formato de prosa, que ele considera como edição final; porém, por preferir o estado de inacabamento das notas, sem clareza entre prosa e verso, ou mesmo com ambiguidades de ordenação, opto por seguir sua transcrição das folhas anotadas. Além das duas edições francesas, consulto também as traduções ao inglês de Paul Auster (a partir de Richard) e de Patrick McGuinness (a partir da versão organizada de Marchal).

O manuscrito de Mallarmé é composto de 210 folhas com o formato pequeno de 12,5 x 7,5 cm (apenas a folha 6 é notavelmente menor, com 10,2 x 6,5 cm), todas com anotações feitas a lápis agora bem apagadas, em geral quase nada nos versos, e reunidas numa capa vermelha e encadernados muito posteriormente, o que resulta em pelo menos uma folha claramente fora do lugar, como é o caso da folha 3, que cabe certo depois das folhas 137-138, mas também das folhas 30-35, que funcionam melhor se forem lidas na ordem inversa. Muitas folhas têm um X marcado logo no início, traço que guardei a partir das edições. O leitor curioso pode conferir todo o caderno online no seguinte link: http://bljd.sorbonne.fr/ark:/naan/a011429863484jFv9sT/f7c38c821e. Marchal ainda edita duas folhas soltas de formato 10,2 x 6,5 cm tiradas das notas de *Épouser la notion* (série traduzida no Brasil por Júlio Castañon Guimarães), editadas originalmente por Richard, porque parecem ser parte das notas para o *Tombeau*.

Seguindo o modelo editorial de Marchal, creio que seja importante informar como ler algumas marcas:

1. ~~riscado~~ indica que a passagem, de uma só letra a algumas linhas, foram rasuradas horizontalmente (em Marchal, aparece como <u>sublinhado</u>).

2. ~~duplo rasurado~~ indica que a passagem foi rasurada com traço diagonal, um ou vários (em Marchal, aparece como *itálico*).

3. <u>sublinhado</u> é de fato algo que Mallarmé sublinhou, talvez para dar destaque (em Marchal aparece como <u>sublinhado</u>, gerando confusão com rasuras).

Também ponho em notas todas as leituras diferentes feitas por Richard, porque, ao ler eu mesmo os manuscritos, percebo a imensa dificuldade editorial de decifrar essas notas, por vezes apressadas, num lápis muitas vezes frágil, como devia estar o punho de Stéphane, tentando preservar o filho morto no monumento do ideal. O seu naufrágio, que é o de todos nós diante da morte, termina por ser o maior dos monumentos: é apenas nestas notas inacabadas que o pai está plenamente unido ao filho, além da cova modesta da família.

Gostaria, por fim, de agradecer a Sandra Stroparo, que me ajudou nesse processo desde o início, fazendo também sugestões e críticas a passos importantes, e à leitura minuciosa e fundamental de Ana Cláudia Romano Ribeiro.

Curitiba, 8 de abril de 2020.
Guilherme Gontijo Flores

[PARA UM TÚMULO DE ANATOLE]

[POUR UN TOMBEAU D'ANATOLE]

1[1]

2 [1]

X
criança saída de
nós dois — nos
mostrando nosso
ideal, o caminho
— a nós! pai
e mãe que a ele
    em triste existência
sobrevivemos, como
os dois extremos —
mal associados nele
e agora separados
— donde sua morte — anu-
lando esse ínfimo "si" de criança

X
enfant sorti de
nous deux — nous
montrant notre
idéal, le chemin
— à nous ! père
et mère qui lui
    en triste existence
survivons, comme
les deux extrêmes —
mal associés en lui
et qui se sont separés
— d'où sa mort — annu-
lant ce petit "soi" d'enfant

4 [3][2]

doente na
          primavera
morto no outono
    — eis aí o sol

          ____

     a vaga
ideia   a tosse
2

•

malade au
          printemps
mort en automne
    — c'est là le soleil

          ____

     la vague
idée   la toux
2

5 [4]

filho
  reabsorvido
não partido
    é ele
— ou seu irmão
     e eu
     eu lhe
      disse
    dois irmãos
     —

•

fils
  résorbé
pas parti
   c'est lui
— *ou son frère*
    moi
    je le lui
     ai dit
   deux frères
    —

refreada retida
no flanco —
~~só~~ certo de mim
            século

náo vai escorrer

só pra
        me instruir.

(vº)

furor contra informe

6 [5][3]

•

refoulée restée
en flanc —
~~juste~~ *sûr de moi*
                siècle

ne s'écoulera pas

juste pour
            m'instruire.

(vº)

fureur contre informe

X
não conheceu
mãe, e filho não
me conheceu ! —
— imagem de mim
diverso de mim
transportado em
morte! —

.

X
pas connu
mère, et fils ne
m'a pas connu ! —
— image de moi
autre que moi
emporté en
mort! —

X

teu futuro   que se refugiou
                    em mim
                torna-se minha
pureza vida afora,
que nunca
            hei de tocar —

8 [7]

·

X

ton futur   qui s'est réfugié
                    en moi
                devient ma
pureté à travers vie,
à laquelle je ne
            toucherai pas —

X

9 [8]

há   época da
uma
Existência em que nós
  nos reencontraremos,
    ou um lugar —
— e se vós
    duvidardes
    o mundo
    será testemunha,
supondo que eu
  viva até bem velho

———

.

X

*il est   époque de
  une
l'Existence où nous
  nous retrouverons,
    sinon un lieu —
— et si vous
    en doutez
    le monde en
    sera témoin,
en supposant que
  je vive assez vieux*

———

X   pref.   **10 [9]**[4]

pai que
nascido em hora
errada — havia
preparado ao filho —
uma tarefa sublime

—

tem a dupla por
cumprir — ele fez
a sua — a dor o desafia
a se sacrificar por quem não é
mais — será que ela triunfa sobre
vigor (homem que ele não foi)
e que ele fará a tarefa da criança

X   préf.

père qui
né en temps
mauvais — avait
préparé à fils —
une tâche sublime

—

a la double à
remplir — il a fait
la sienne — la douleur le défie
de se sacrifier à qui n'est
plus — l'emportera-t-elle sur
vigueur (homme qu'il n'a pas été)
et fera-t-il la tâche de l'enfant

X
a meta suprema
teria sido apenas
partir puro
desta vida
  tu a cumpriste
antecipado
 sofrendo
  demais — doce
  criança — pra que
isso seja contado
pela vida perdida — os teus
pagaram pelo resto com o
   sofrimento de não mais te ter

11 [10]

·

X
le but suprême
n'eût été
que partir pur
de la vie
  tu l'as accompli
d'avance
 en souffrant
  assez — doux
  enfant — pour que
cela te soit compté
pour ta vie perdue — les tiens
ont acheté le reste par leur
   souffrance de ne plus t'avoir

XX

1)

orar aos mortos
(não por eles)
—

    joelhos, criança
    joelhos — anelo
de aqui ter a criança
— sua ausência — joelhos
tombam
           — e
____

pois morto de fato
só criança!

12 [11]

•

XX

1)

prier morts
(non pour eux)
—

    genoux, enfant
    genoux — besoin
d'y avoir l'enfant
— son absence — genoux
tombent
         — et
____

car de vrais morts
qu'enfant !

(2

13 [12]

máos se unem
rumo a quem náo
se pode tocar —
mas que é —
— que um espaço
separa ———

.

(2

mains se joignent
vers celui qu'on
ne peut presser —
mais qui est —
— qu'un espace
sépare ———

14 [13]

                    (1
    X   Pref.
caro
= grande peito —
be bem filho do que
                pai cujo
peito
bateu por projetos
            tão grandes
— e vindos agora
        a gorar
                bem convinha —
herdeiro dessa
maravilhosa inteli-
gência filial, a

                        •

                            (1
                X   *Préf.*
chéri
= grand coeur —
bi bien fils de qui
                    père dont
le coeur
battit pour projets
            trop grands
— et venus là
            échouer
                    il fallait —
héritant de cette
merveilleuse intelli-
gence filiale, la

                    (2   **15 [14]**

fazê-la reviver
— construir
com sua ~~limpa~~
lucidez — essa
obra — vasta
        demais pra mim

e assim, (me
privando da
vida, a sacri-
ficando, se

                                    •

                                        (2
                    faisant revivre
                    — construire
                    avec sa ~~nette~~
                    lucidité — cette
                    oeuvre — trop
                            vaste pour moi

                    et ainsi, (me
                    privant de la
                    vie, la sacri-
                    fiant, si ce

(3

16 [15][5]

não for pela obr—
— sê-lo grande
~~privado de~~ — e
fazê-lo sem
medo de <u>brincar</u>
com sua morte —
já que lhe
sacrificava minha
vida — já que
aceitava quanto a
mim — tal morte
     (claustração)

.

(3

n'est pour l'oe —
— être lui grand,
~~privé de~~ — et
faire cela sans
crainte de <u>jouer</u>
avec sa mort —
puisque je lui
sacrifiais ma
vie — puisque
j'acceptais quant à
moi — cette mort
     (claustration)

X

17 [16]

exemplo
    nós soubemos
por ti essa "melhor
parte de nós"
que tanto nos
escapa — e será
em nós — em nossos
atos, neste instante
_____

criança, semente
    idealização

.

X

exemple
    nous avons su
par toi ce "meilleur
de nous-mêmes"
qui souvent nous
échappe — et sera
en nous — en nos
actes, maintenant
_____

enfant, semence
    idéalisation

X

pai e mãe se
prometendo que
não terão outra
criança
— cova escavada por ele
vida cessa aí

18 [17]

X

*père et mère se
promettant de
n'avoir pas d'autre
enfant
— fosse creusée par lui
vie cesse là*

X   *19 [18]*

remédios
vãos
    largados

---

se natureza
assim não quis

---

encontrarei
eu mesmo
pra morte

---

bálsamos, só,
consolos pra nós
    — dúvida
pois não! realidade deles

.

X

remèdes
vains
    laissés

---

si nature
n'a pas voulu

---

j'en trouverai
moi pour
mort

---

baumes, seulement,
consolations pour nous
    — doute
puis non ! leur réalité

criança — nossa
imortalidade
de fato, feita
de esperanças humanas
enterradas — filho —
confiadas à mulher
pelo homem deses-
perado após o viço
por achar o mistério
e tomando mulher

———

20 [19]

.

enfant — notre
immortalité
en effet, fait
d'espoirs humains
enfouis — fils —
confiés à la femme
par l'homme déses-
pérant après jeunesse
de trouver le mystère
et prenant femme

———

(1

21 [20]

doente
    desde o dia em que morte
se instala — marcado por
doença —
já não é mais ele, mas
aquele que através
da morte mais tarde
queríamos rever —
resumindo morte e
corrupção — surgido
assim, com seu mal
   e sua palidez

.

(1

malade
    depuis le jour où mort
s'installe — marqué par
maladie —
n'est plus lui déjà, mais
est celui qu'à travers
la mort plus tard on
voudrait revoir —
résumant mort et
corruption — apparu
tel, avec son mal
   et sa pâleur

(2   **22 [21]**[6]

doente — estar nu
como a criança —

e surgindo-nos
— há proveito nessas
horas, em que morto
                    ferido
ele vive
        ainda, e
    ainda está conosco
——

título poesia da
            doença.

•

                                (2
                        malade — être à nu
                        comme l'enfant —

                        et nous apparaissant
                        — l'on profite de ces
                        heures, où mort
                                    frappé
                        il vit
                                encore, et
                            est encore à nous
                        ——

                        titre poésie de
                                la maladie.

a A.
hímen
pai e filho

—

talvez em verso

.

à A.
hymen
père et fils

—

peut-être en vers

                              (1
        com dom de palavra
eu poderia   fazer-te
        a ti,   criança da obr.
    rei fazer de ti

                        em vez
— não, triste   do filho
                        em nós
    — fazer-te —   de
                        outrora

        não   —

                        ora ele
lembras-te dos   prova
                        que assim
dias nefastos —   fora —
                        cumpriu
boca fechada, etc.   o papel!
            palavra
— etc.   natal

                    esquecida

sou eu que
te ajudei desde então

                          •

                              (1
                avec don de parole
        j'aurais pu   te faire
                toi,   l'enfant de l'oe.
            roi faire de toi

                            au lieu
        — non, triste   du fils
                            en nous
            — te faire —   de
                            jadis

            non   —

                            or il
        souviens-toi des   prouve
                            qu'il le
        jours mauvais —   fut —
                            joua
        bouche fermée, etc. ce rôle !
                        parole
        — etc.   natale
                            oubliée

        c'est moi qui
        t'ai aidé depuis

25 [23][9]

(2

— carreguei em
ti a criança —
juventude ou verbo
da história ensinada
esquecida donde

nada

eu não teria
sofrido — em ser —
da minha parte
não estudar outra coisa
— etc. (morto

.

(2

— ai ramené en
toi l'enfant —
jeunesse ou mot
de l'histoire apprise
oubliée   d'où

rien

je n'aurais pas
souffert — en être —
à mon tour
n'étudier que cela
— etc. (mort

26 [24]

                              (3
então — não foste
senão eu mesmo
— já que estou
aqui — só, triste —
— não, eu me
        lembro de uma
        infância —
        — a tua
              duas vozes)
_____

mas sem ti
eu não — saberia

•

                              (3
alors — tu ne fus
donc que moi
— puisque je suis
ici — seul, triste —
— non, je me
        souviens d'une
        enfance —
        — la tienne
              deux voix)
_____

mais sans toi
je n'eusse — su

(4

27 [25][10]

antes de ir pras suas
aulas)
~~e assim~~
e assim sou eu,
Moira maudita —
que te leguei!

— silêncio
(ele perdoa)

•

(4
*avant de faire ses
classes)*
~~ainsi c'est~~
ainsi c'est moi,
Moire maudites —
qui t'ai légué !

— silence
(il pardonne)

(5

28 [26][11]

Ó! Deixa.. nos
na palavra
— que
confunde os
dois
— nos une
  enfim —
          pois quem a
disse
          a tua)

•

                    (5
Oh ! Laisse.. nous
sur ce mot
— qui nous
confond tous
deux
— nous unit
enfin —
          car qui l'a
dit
          la tienne)

(1   **29 [27]**[12]

Manipulações
etc.

       cruéis
Ah! permites — não
tu queres ainda..

———

egito antigo —
embalsamamento —
dias, operações
criptas — toda esta
mudança,

•

            (1
Manipulations
etc.

       cruelles
Oh ! permets — non
tu veux encore..

———

egypte ancienne —
embaumements —
jours, opérations
cryptes — tout ce
changement,

(2

35 [28]

antes bárbara e
       material —
  exterior —

agora
       moral
e em nós

•

          (2
jadis barbare et
       matériel —
exterieur —

maintenant
       moral
et en nous

queres

frustrar morte

A̶h̶ ouve prantos
          de mulher

Ah! eu o reconheço
és forte, hábil —
      etc.

34 [29][13]

•

*   veux*

déjouer mort

O̶h̶ entend pleurs
*   de femme*

Oh ! je le reconnais
tu es forte, habile —
*   etc.*

irmão irmã
não nunca o <u>ausente</u>

será menos que
o presente

33 [30]

·

*frère soeur
non jamais l'<u>absent</u>*

*ne sera moins que
le présent —*

sentir fulgurar   **32 [31]**
~~o vaz~~ na noite

o vazio imenso
produzido pelo
que seria sua <u>vida</u>
— porque ele
não <u>sabe</u> —
que está morto
         fulgor?
     crise
     dor

(v°)

            (4

~~neste túmulo~~
~~castelo~~

      •

        sentir éclater
    ~~te vi~~ en nuit

  le vide immense
  produit par ce
  qui serait sa <u>vie</u>
  — parce qu'il ne
  le <u>sait</u> pas —
  qu'il est mort
        éclair?
    crise
    douleur

  (vᵖ)

           (4

  ~~en ce tombeau~~
  ~~château~~

(1

31 [32][14]

momento para se
romper com a
lembrança viva,
para sepultá-la
— amortalhá-la
ocultá-la — com
as <u>brutalidades</u> do
amortalhamento
contato rude, etc.

•

(1
moment où il faut
rompre avec le
souvenir vivant,
pour l'ensevelir
— le mettre en bière
le cacher — avec
les <u>brutalités</u> de
la mise an bière
contact rude, etc.

(2

30 [33]

pra vê-lo apenas
idealizado —
depois, não mais ele
ali vivo — mas
germe de seu ser
retomado em si —
germe que permita
pensar por ele
— vê-lo e

.

(2

pour ne plus le voir
qu'idéalisé —
après, non plus lui
vivant là — mais
germe de son être
repris en soi —
germe permettant
de penser pour lui
— de le voir et de

(3

36 [34]

visão (idealidade
do estado) e
falar por ele
—

pois em nós, puro
ele, depuração,
— tornou-se nossa
honra, a <u>fonte</u>
dos nossos melhores
sentimentos — etc.

.

(3

*vision (idéalité
de l'état) et de
parler pour lui*
—

*car en nous, pur
lui, épuration
— devenu notre
honneur, la <u>source</u>
de nos meilleurs
sentiments — etc.*

(4

37 [35][15]

[título   vera entrada
no ideal]

———————————

.

(4

[titre   vraie rentrée
en l'idéal]

———————————

golpe de traição
de morte — do
<u>mal</u> X sem que ele
        <u>saiba</u> nada —
— quanto a mim
brincar, com isso
mesmo que a criança
ignora

38 [36]

•

coup de traîtrise
de mort — du
<u>*mal*</u> *X sans qu'il en*
        <u>*sache*</u> *rien —*
— à mon tour
à la jouer, par
cela même qu'enfant
ignore

tempo do
     quarto vazio

—

    até que se
       abra
talvez tudo
      seguir assim
      (moralmente)
     ———

39 [37]

.

temps de la
     chambre vide

—

    jusqu'à ce qu'on
       l'ouvre
peut-être tout
      suivre ainsi
      (moralement)
    ———

ele não sabe nada!
— e mãe chora —
                    ideia
sim, tomemos tudo
sobre nós, ó tu sua
vida — etc. —

    pois sinistro
        não saber
            e não ser mais.

—

40 [38][16]

•

il n'en sait rien !
— et mère pleure —
    idée là
oui, prenons tout
sur nous, ô toi sa
vie — etc. —

car sinistre
    ne pas savoir
        et n'être plus.

—

(1

41 [39][17]

Tu podes, com tuas
mãozinhas, me arrastar
à tua tumba — tu
tens o direito —
— eu mesmo
que te sou unido, eu
me deixo entrar —
— mas se tu
queres, nós
dois, façamos..

.

(1

Tu peux, avec tes
petites mains, m'entraîner
dans ta tombe — tu
en as le droit —
— moi même
qui te suis uni, je
me laisse aller —
— mais si tu
veux, à nous
deux, faisons..

(2 **42 [40]**[18]

uma aliança
um hímen, soberbo
— e a vida
que em mim resta
dela vou me servir
pra - - - - - -
———

então mãe
    não mais?

•

(1
une alliance
un hymen, superbe
— et la vie
restant en moi
je m'en servirai
pour - - - - - -
———

donc pas mère
    alors ?

(1   **43 [41]**

cerimônia —
caixão —
etc.
lá vimos (o pai)
todo o lado material
— que se permite
dizer se preciso —
ah! pois sim! tudo
está aí — ~~e talvez~~
sem medo em meu caso
de pensar noutra coisa
(a reforma

(1

cérémonie —
cercueil —
etc.
on a vu là (le père)
tout le côté matériel
— qui permet de se
dire au besoin —
eh ! bien oui ! tout
est là — ~~et peut-être~~
pas de crainte pour moi
de penser à autre chose
(la reformation

(2

de seu espírito que
tem a eternidade — pode
esperar
      seja porém eternidade
      por minha vida afora
——————

pai —
formar seu espírito
(ai! ele ausente
como nós o
formaríamos presente
——————— melhor
           mas

•

(2

de son esprit qui a
l'éternité — peut
attendre
      soit mais éternité
      à travers ma vie
——————

père —
former son esprit
(lui absent, hélas !
comme on l'eût
formé lui présent
——————— *mieux*
          mais

(3

45 [43]

por vezes quando tudo
parece correr bem
demais — assim no
ideal —
gritar — ~~não é~~
no tom de mãe, que ela
tornou-se atenciosa —
Não é bem isso
eu o quero, <u>a ele</u> — e

não a mim —

.

(3
parfois quand tout
semble trop bien
aller — ainsi en
idéal —
s'écrier — ~~ce n'est~~
du ton de mère, qui elle
est devenue attentive —
Ce n'est pas tout cela
je le veux, <u>lui</u> — et

non moi —

                              (1
     tu me encaras
Não posso te contar
ainda a verdade
     nem ouso, pequenino

O que te aconteceu
—
Um dia te
conto
          — pois <u>homem</u>
  não quero

                                        •

                                        (1
                                   tu me regardes
                         Je ne peux pas te dire
                         encore la verité
                              je n'ose, trop petit

                         Ce qui t'est arrivé
                         —
                         Un jour je te le
                         dirai
                                   — car <u>homme</u>
                           je ne veux pas

46 [44]

(2

47 [45]

que tu não saibas
da tua sorte

—

e homem
criança morta

•

(2

que tu ne saches
pas ton sort

—

et homme
enfant mort

não — não
se uniu aos grandes
mortos — etc.
— enquanto nós
mesmos vivermos, ele
vive — em nós
—

só depois da nossa
morte ele estará
— e assim os sinos
dos Mortos dobrarão por
                    ele

48 [46]

.

non — pas
mêlé aux grands
morts — etc.
— tant que nous
mêmes vivons, il
vit — en nous
—

ce n'est qu'après notre
mort qu'il en sera
— et que les cloches
des Morts sonneront pour
                    lui

(1
pequena

    virgem
    noiva vida
    que teria sido
    uma mulher
—

deixa eu contar
o que te
falta
— mas

•

(1

petite

    vierge
    fiancée vie
    qui eût été
    une femme
—

que je te conte
ce à quoi tu
manques
— mais

Ah ! deixai

50 [48][19]

—

nós fumaríamos
cachimbo
— e falaríamos
do que nos
cabe aos dois
  nós sabemos
    mistério

•

Oh ! laissez

—

nous   fumerions
pipe
— et causerions
de ce que'à
nous deux
  nous savons
    mystère

51 [49]

vela —
  navega
  rio,
tua vida que
passa, escorre

—

•

*voile —
  navigue
  fleuve,
ta vie qui
passe, coule*

—

Ah! faz-nos
       sofrer

  tu que nem
  sequer suspeitas

muito — tudo
que ~~ele~~ equivale à
tua vida, dolorosa em
    rompida
nós
—

enquanto
pairas, livre

52 [50]

•

Oh ! fais-nous
      souffrir

  toi que ne t'en
  doutes pas

beaucoup — tout ce
qui ~~il~~ équivaut à
ta vie, douloureuse en
    brisée
nous
—

tandis que
tu planes, libre

Quê! este dia dos
mortos — pra ele —
ele —

53 [51][20]

.

Quoi ! ce jour des
morts — pour lui —
lui —

O sacrifício
da criança

pra que terra
— mãe — tarefa
cidade homens

54 [52]

•

Le sacrifice
de l'enfant

pour que terre
— mère — tâche
cité hommes

fim de I
— ó terror
ele está morto!

---

ele <u>está</u>.. morto
(absolutamente —
i. e. arrebatado
a mãe o vê de tal —

---

maneira que ele,
doente, parece
aparecer — no futuro —
ou se rever   obtido
       no presente

.

fin de I
— ô terreur
il est mort !

---

il <u>est</u>.. mort
(absolument —
c. a. d. frappé
la mère le voit tel —

---

de façon à ce que,
malade, il semble
revenir — en le futur —
ou se revoir   *obtenu*
       au present

mãe I
não se pode
morrer com olhos
assim, etc.

———————

pai deixa ecoar
em seu pavor,
soluços
   "ele está morto"
— e é na onda
desse grito, que
II a criança se

56 [54]

mère I
on ne peut pas
mourir avec de pareils
yeux, etc.

———————

père laisse entendre
en son effroi,
sanglots
   " *il est mort* "
— et c'est en vague
de ce cri, que
II *l'enfant se*

(2

57 [55][22]

levanta no leito
se busca, etc.

—

e III talvez
nada — ~~afirmado~~

          sobre morte

e
dado a se ecoar
simplesmente — no
espaço de "ele está
   morto de I II

———————

         •

                (2

lève sur son lit
se cherche, etc.

—

et III peut-être
rien — ~~d'affirmé~~

        sur mort

et
donné à entendre
simplement — en
l'espace de "il est
   mort de I II

———————

58 [56]

O pai busca —
e estanca
a criança ainda
está lá, como
por retomar a vida
— ora interrupção
no pai — e a
mãe surgida esperanças
cuidados —   o duplo lado
         homem mulher
         — logo em
    um, no outro, donde
união profunda

•

Le père cherche —
et s'arrête
l'enfant étant
là, encore, comme
pour ressaisir la vie
— or interruption
chez le père — et la
mère apparue espoirs
soins —   le double côté
*   homme femme*
*   — tantôt chez*
*   l'un, chez l'autre, d'où*
union profonde

(1   **59 [57]**

e tu a irmã
tu que um dia
— (abismo aberto
desde a morte dele
que nos seguirá
até a nossa —
quando lá
nós descermos
tua mãe e eu)
deves um dia

                          •

                                        (1

                    et toi sa sœur
                    toi qui un jour
                    — (ce gouffre ouvert
                    depuis sa mort et
                    qui nous suivra
                    jusqu'à la nôtre —
                    quand nous y
                    serons descendus
                    ta mère et moi)
                    dois un jour

(2

60 [58][23]

nos reunir os
três no pensamento,
tua memória ———

—

    tal como numa
    tumba apenas

  tu que, seguindo
a ordem, virás
à mesma tumba, não
feita pra ti —

.

        (2

nous réunir tous
trois en ta pensée,
ta mémoire ———

—

    de même qu'en
    une seule tombe
  toi qui, selon
l'ordre, viendras
sur cette tombe, non
faite pour toi —

Pr

Sol poente
e vento
ora partido, e
vento de <u>nada</u>
<u>que sopra</u>
   (eis o nada
?   moderno)

61 [59][24]

•

      Pr

Soleil couché
et vent
or parti, et
vent de <u>rien</u>
<u>*qui souffle*</u>
   (là, le néant
?   moderne)

lágrimas, afluxo

o

da lucidez, morto
se revê a
través

—————

.

larmes, afflux

le

de lucidité, mort
se revoit à
travers

—————

[60]

Pr e X

63 [61][25]

        (1
a Morte — cochicha baixo
— não sou ninguém —
  eu me ignoro inteira
  (pois mortos não sabem
  que estão
  mortos —, nem quando

               morrem

— pra crianças
ao menos
    — ou

Pr et X

        (1
la Mort — chuchotte bas
— je ne suis personne —
  je m'ignore même
  (car morts ne savent
  pas qu'ils sont
  morts —, ni même qu'ils

             meurent

— pour enfants
du moins
    — ou

(2   **64 [62]**

heróis — mortes
súbitas

—

pois doutro modo
minha beleza é
feita dos últimos
instantes —
lucidez, beleza
face — daqui-
lo que seria

•

                                    (2

héros — morts
soudaines

—

car autrement
ma beauté est
faite des derniers
instants —
lucidité, beauté
visage — de
ce qui serait

(3

65 [63]

a mim, sem mim

—

pois assim que

(que se está

eu esteja — ~~eu~~

morto) cesso

de ser

—

assim feita de
presciências, de in-
tuições, frissons

.

(3

moi, sans moi

—

car aussitôt que

(qu'on est

je suis — ~~je~~

mort) je cesse

d'être —

—

ainsi faite de
presciences, d'in-
tuitions, frissons

(4

66 [64]

supremas — eu
náo estou —
　　(só no estado
　　　　ideal)

———

e para os
outros, lágrimas
luto, etc. —
—

e é minha

.

(4

suprêmes — je
ne suis pas —
　　　　(qu'à l'état
　　ideal)

———

et pour les
autres, larmes
deuil, etc. —
—

et c'est mon

67 [65][26]

                    (5

sombra ignorante
de mim, que
reveste de <u>luto</u>

os outros —

————

~~lágrimas, mais de~~
      ~~morte, os~~
~~outros~~ ————
      ~~donde vinda~~

•

                    (5

ombre ignorante
de moi, qui
revêt de <u>deuil</u>

les autres —

————

~~larmes, plus de~~
      ~~mort, les~~
~~autres~~ ————
      ~~d'où venue~~

68 [66]

(1

Notas

———

embora poema
baseado em fatos
sempre — devia
tomar apenas
fatos gerais —
acontece aqui
que dado con-
junto se acorda

·

(1

Notes

———

*quoique poëme
basé sur faits
toujours — doive
ne prendre que
faits généraux —
il se trouve ici
que donné d'en-
semble s'accorde*

(2

69 [67]

amiúde com o\<s>
momentos
~~destino~~ finais da
deliciosa criança —

—

assim pai —
ao ver que ele
deve estar morto

—

mãe, ilusão
suprema, etc.

.

(2

souvent avec le\<s>
moments
~~destin~~ derniers du
délicieux enfant —

—

ainsi père —
voyant qu'il
doit être mort

—

mère, illusion
suprême, etc.

70 [68]

morte — depuração
imagem em <u>nós</u>
depurados por   e antes
                imagem
lágrimas ——   também —
resta simplesmente
não mais <u>tocar</u> —
mas se falar —

•

mort — épuration
image en <u>nous</u>
épurés par   et avant
*   image*
larmes ——   aussi —
reste simplement
ne pas <u>toucher</u> —
mais se parler —

(1
II   efeito geral
~~ele deve~~
ele está morto? (i. e.
arrebatado à morte)
~~não~~
        e já aparece
(no espaço do
deve morrer)

        do futuro terrível
que o espera?

71 [69]

·

                (1
        II   *effet géneral*
        ~~il doit~~
        est-il mort ? (c. à.
        d. frappé à mort)
        ~~non~~
                et revient-il déjà
        (dans l'espace du
        doit mourir)

                du futur terrible
        qui l'attend ?

72 [70]

(2

————H

ou então está
doente ainda ?

—

doença à
qual nos
ligamos, dese-
jando que ela
dure, pra ter,
tê-lo mais tempo

—

ora a <u>morte</u>

•

(2

————H

*ou bien est-il
encore malade ?*

—

*maladie à la-
quelle on se
rattache, dési-
rant qu'elle
dure, pour l'avoir,
lui plus longtemps*

—

or la <u>mort</u>

(3

"por que demorar-me
a vo-lo tornar
inquieto — triste —
disforme — enquanto
o moldo
para o dia
belo e sacro
em que não sofrerá
mais —   [sobre o

73 [71]

•

(3

"porquoi m'attarder
à vous le rendre
inquiet — triste —
déformé — tandis
que je le pétris
pour le jour
beau et sacré
où il ne souffrira
plus —   [sur le

(4

leito de morte —
~~o que se~~   mas
mudo, etc. — no lugar
de antes I —
o que daria
talvez pra I —
    "Ah! se morresse
nunca.....
            mãe

.

(4

lit de mort —
~~*ce qui se*~~   *mais*
muet, etc. — au lieu
d'autrefois I —
ce qui donnerait
peut-être pour I —
    " Oh ! s'il mourait
jamais.....
            mère

(5

75 [73]

não consegue —
— precisa pai
e mãe?
    que se reencontrem
os dois perante
sepulcro — sem ele
ah! bem —?

•

(5

n'achève pas —
— il faut le père
et mère ?
    qui se retrouvent
tous deux devant
sépulcre — sans lui
eh ! bien — ?

76 [74][27]

        (1
     sentado, sonhador
não   falando
              com ele
não o sentir nos
meus joelhos, isso
faz com que se esquivem
e que eu me quede
ajoelhado
      — não mais diante
      da criança familiar
      etc. — então, com
        ~~mas o~~

             (1
       assis, rêveur
ne pas   *causant*
           avec lui
ne pas le sentir sur
mes genoux, cela
fait qu'ils se dérobent
et que je me suis
agenouillé
      — non plus devant
      l'enfant familier
      etc. — alors, avec
        ~~mais le~~

(2

sua roupa — (marinheiro?)
mas diante
   do jovem deus,
herói, sagrado por
morte —

77 [75][28]

.

(2

sa veste — (marin?)
mais devant
   le jeune dieu,
héros, sacré par
mort —

78 [76]

família perfeita
equilíbrio
    pai filho
    mãe filha

rompido —
três, um vazio
entre nós,
    buscando...

.

famille parfaite
équilibre
    père fils
    mère fille

rompu —
trois, un vide
entre nous,
    cherchant...

          tanto melhor   **79 [77]**
que ele nem saiba

          —

          tomamos todas
          lágrimas
                    — chora, mãe
          etc.
— a transição de um
estado a outro
          então não morto
morte — ridícula inimiga
— que não pode à criança
          infligir a noção que tu és!

                                        •

                              tant mieux
                    qu'il ne le sache pas

                              —

                              nous prenons toutes
                              larmes
                                        — pleure, mère
                              etc.
                    — transition d'un
                    état à l'autre
                              ainsi pas mort
                    mort — ridicule ennemie
                    — qui ne peux à l'enfant
                              infliger la notion que tu es !

morte não é   prece terna

           <u>materna</u>

nada   — brincando

            morte

~~remédios~~   ela

  "que a criança

    não saiba

      nada

—

  e pai se aproveita.

80 [78]

•

mort n'est   prière

         de <u>mère</u>

rien   *— jouant*

        mort

~~*remèdes*~~   *elle*

  " que l'enfant

    ne sache

      pas

—

  et père en profite.

mais de <u>vida</u> pra

81 [79][29]

mim
    e me sinto
deitado na tumba
ao teu lado —

      •

plus de <u>vie</u> pour

moi
    et je me sens
couché en la tombe
à coté de toi —

82 [80]

ou: Poema
comum

Verdade —
tu me atingiste
e bem escolheste
tua ferida —
— etc.
— mas
_____

e vingança
luta de um gênio e
da morte

•

ou: Poème
ordinaire

C'est vrai —
tu m'as frappé
et tu as bien choisi
ta blessure —
— etc.
— mais
_____

et vengeance
lutte d'un génie et de
la mort

(1

83 [81][30]

Morto
  ele não passa de conso-
lações, pensamentos — bálsamo

  mas o que passou
passou — não se pode
reaparecer no absoluto
conteúdo em morte —

  — e por hora
mostrar que se,
abstração feita

•

(1

Mort
  il n'est que des conso-
lations, pensées — baume

  mais ce qui est fait
est fait — on ne peut
revenir sur l'absolu
contenu en mort —

  — et cependant
montrer que si,
abstraction faite

(2

de vida, alegria de estar
junto, etc. — esse
consolo por sua vez,
tem fundo — base —
absolutos — naquilo que
(se nós fa queremos
por exemplo que um
ser morto viva em
nós, pensamento —
é seu ser, seu

•

(2

*de vie, de bonheur d'être
ensemble, etc. — cette
consolation a son tour,
a son fonds — sa base —
absolus — en ce que
(si nous fai voulons
par exemple qu'un
être mort vive en
nous, pensée —
c'est son être, sa*

85 [83]

(3

pensamento de fato —
o que ele tem de melhor
que chega, por nosso
amor e o cuidado
que tomamos
com o ser —
     (ser, não sendo
         mais que moral e
            em pensamento)

existe ali um
além magnífico

•

(3

pensée en effet —
ce qu'il a de meilleur
qui arrive, par notre
amour et le soin
que nous prenons
à l'être —
     (être, n'étant
         que moral et
              quant à
pensée)

il y a là un au
delà magnifique

(4

que reencontra sua
verdade — tão mais
pura e bela que
a ruptura absoluta
da morte — tornada
pouco a pouco ilusória
e absoluta (donde ele
possa parecer
esquecer as dores
etc. —)

.

(4

*qui retrouve sa
vérité — d'autant plus
pure et belle que
la rupture absolue de
la mort — devenue
peu à peu aussi illusoire
qu'absolue (d'où il est
permis de paraître
oublier les douleurs
etc. —)*

(5

87 [85]

como esta ilu-
sória de sobrevida em
nós, torna-se de ilusória
absoluto — (há ~~ser~~
<u>irrealidade</u> nos dois
casos) foi terrível
      e verdadeira,

————————

•

          (5
— comme cet illu-
soire de survie en
nous, devient d'illusoire
absolu — (il y a ~~être~~
<u>irréalité</u> dans les deux
cas) a été terrible
      et vraie,

————————

o pai só
    a mãe só

—

    se escondendo um
    do outro
    e isso se reencontra
          - - -

    ———

junto

88 [86]

•

le père seul
    la mère seule

—

    se cachant l'un
    de l'autre
    et cela se retrouve
         - - -

    ———

ensemble

ó terra — não tens
   nenhuma planta
— de que vale —
— eu que
   te venero —

coroas
       vá beleza

89 [87]

•

ô terre — tu n'as
   pas une plante
— à quoi bon —
— moi qui
   t'honore —

bouquets
       vaine beauté

os amigos
    dedo misterioso
apontado

    vindos
— expulsando
      os falsos

   —

90 [88]

•

les amis
    doigt mystérieux
montré

    apparus
— *chassant*
      les faux

   —

~~pequeno~~

91 [89][31]

        de fonte
         vã
ali jaz —   morte?
que seja!
e que a vida passe
———— rio
      ao lado dele
    guardado por natureza
         severa

————

o pequeno tombado
    no vale

•

~~petit~~

       de source
        vaine
reste là —   mort ?
soit !
et que la vie passe
————fleuve
     à côté de lui
gardé par nature
        sévère

————

le petit tombé dans
   la vallée

pureza
dupla

— identidade
—
os olhos
os dois pontos de
vista iguais

92 [90]

•

pureté
double

— identité
—
les yeux
les deux points de
vue égaux

seus olhos me
encaram, duplos
e bastam
— tomados já pela
ausência e pelo
   abismo

—

reunir tudo aqui?

93 [91]

•

ses yeux me
regardent, doubles
et suffisent
— pris déjà par
l'absence et le
   gouffre

—

tout y raccorder ?

94 [92]

(1

o homem e
a ausência —
   o espírito
gêmeo com o qual

ele se une quando

sonha, divaga

— ausência, só

pós morte, uma

.

(1

l'homme et
l'absence —
   l'esprit
jumeau avec lequel

il s'unit quand il

rêve, songe

— absence, seule

après mort, une

(2   **95 [93]**

vez o pio

funeral do

corpo, feito miste-

riosamente — essa

ficção consentida —

.

(2
fois le pieux

enfouissement du

corps, fait mysté-

rieusement — cette

fiction accordée —

O sacrifício —
    sobre o túmulo

púrpura rei, amor
    mãe
    é necessário
    — para que ele seja
ainda! — (transfusão)
    mãe quer tê-lo
    sozinha, ela é terra
    —

96 [94][32]

•

Le sacrifice —
    sur le tombeau

pourpre roi, amour
    mère
    il le faut
    — pour qu'il soit
encore — ! (transfusion)
    mère veut seule
    l'avoir, elle est terre
    —

Já que é <u>necessário</u>
O que tu dizes —
não me interrompas —

97 [95]

Puisque'il <u>faut</u>
Que dis-tu là —
ne m'interromps point —

98 [96]

I
medos de mãe
  — ele parou
       de brincar
       hoje

pai escuta — vê
olhos de mãe
— deixa cuidar II
e divaga
   —

I
craintes de mère
  — il a cessé
       de jouer
       aujourd'hui

père écoute — voit
yeux de mère
— laisse soigner II
et songe lui
  —

II
choros de mãe
  peça
que aos poucos se acalma
  no duplo
  ponto de vista
  criança, destino
  —

  túmulo, lembrança
um velho —
    — (que fala)

99 [97][33]

II
larmes de mère
  pièce
se calmant peu à peu
  dans le double
  point de vue
  enfant, destinée
  —

  tombeau, souvenir
vieillard —
    — (qui parle)

I   grito de mãe
flores
    colhidas pra
        tumba, largadas

    III
túmulo
    pai —

100 [98]

I   cri de mère
fleurs
    cueillies pour
        tombe, laissées là

    III
tombeau
    père —

lento em sacrifício
   terra o muda
nesse tempo

  outra mãe
     (mãe se cala?)

dor eterna
     e muda.

101 [99]

·

lent à sacrifice
   terre le change
pendant ce temps

  autre mère
     (mère se tait ?)

douleur éternelle
     et muette.

102 [100][34]

(1

Pai —
  se nos ouvisse
como se irritaria

  —

  suprimi-lo
assim
    sacrilégio sem

                  túmulo
  que ele saiba!   sombra

  —

não, divinamente
        pois não morto
e em nós
          — a

•

(1

Père —
  s'il nous entendait
qu'il serait irrité

  —

  le supprimer
ainsi
    sacrilège sans

               tombeau
qu'il le sache !   *ombre*

  —

non, divinement
        car pas mort
et en nous
       — *la*

(2

103 [101]

transfusão
   mudança no modo
    de ser, eis tudo

.

                      (2
transfusion —
   changement de mode
    d'être, voilà tout

104 [102]

quê!
  gozar da
presença
  e esquecê-lo
  ausente
— simplesmente! ingratidão!
  não — "apegada" ao
ser" de quem já
foi — absoluto
  —

·

quoi !
  jouir de la
présence
  et l'oublier
  absent
— simplement ! ingratitude !
  non — " prise " sur
l'être " de qui a
été — absolu
  —

Amargura e
afá de vingança
quando ele
parece reclamar

———

desejo de não
fazer nada — ~~nada~~
errar a meta
sublime, etc. —

105 [103]

Amertume et
besoin de vengeance
quand il
semble réclamer

———

désir de ne plus
rien faire — ~~rien~~
manquer le but
sublime, etc. —

quê! a morte
 enorme — a
  terrível morte

—

 arrebatar um ser
  táo pequeno

—

eu digo à morte | covarde

———

 ai ! ela está em nós
 náo fora

106 [104]

•

quoi ! la mort
 énorme — la
  terrible mort

—

 frapper un si
  petit être

—

je dis à la mort | lâche

———

 hélas ! elle est en nous
 non le dehors

ele cavou nossa
  tumba
    ao morrer

——

  concessáo

107 [105][35]

•

il a creusé notre
  tombe
    en mourant

——

  concession

III
Amigo
—

o amigo ————————
<u>sepultamento</u> ante a visão da
              criança
    só tu não sabes —
—   tu me encaras
    como te   sempre
              espantado
   vai — fecha os doces olhos
   — não saibas — eu tomo
   conta —   continua
    e viverás —

•

III
Ami
—

l'ami ————————
<u>*ensevelissement*</u> *à la vision de*
           l'enfant
    toi seul ne le sais pas —
—   *tu me*
regardes
    comment te   *toujours*
            étonné
   va — ferme ces doux yeux
   — ne sache pas — je me
   charge —   *continue*
    et tu vivras —

109 [107]

    (1
 vê-lo <u>morto</u>
— medos da mãe
   em leito funerário
desde que cessaram as
  brincadeiras em I
  — fim de I
   ruptura
 voz que grita até
aqui — pra criança muda

       •

        (1
     le voir <u>mort</u>
   — craintes de la mère
      sur lit funéraire
   dès la cessation de
    jeux en I
    — fin de I
     rupture
   voix qui crie jusque
  là — pour l'enfant muet

(2

110 [108][36]

e reunir — olhos fe-
chados — pai —
(mãe os fechou —
"não saber onde ele
está", enterrá-lo na
sombra
— luta, luta

—

.

(2
et relier — yeux fer-
més — père —
(mère les a fermés —
" ne pas savoir où il
est ", l'enterrer dans
l'ombre
— lutte, lutte

—

Ah! como o olhar dos mortos

111 [109]

etc.
    tem mais força
que esse, belíssimo
dos vivos
—

   como vos seduziriam
   ———

            •

       Oh ! que les yeux des morts
       etc.
           ont plus de force
       que ceux, les plus beaux
       des vivants
       —

          qu'ils vous attireraient
          ———

          Cisão de I   **112 [110]**
             a III
       criança ali morta

       III (dirigir-se
                amiúde a ele
    eu te pego criança
       —

    quarto ardente pensar
    — sepultamento
          em ———
    II lágrimas dos dois
                        ocultas
    I e   um do outro

                            •

                        Scission de I
                              à III
                        enfant mort là

                        III   (s'adresser
                                souvent à lui
                    je te prends mon enfant,
                        —

                    chambre ardente pensée
                    — ensevelissment
                          en ———

                    II   larmes des deux
                                  cachées
                    I et   l'un à l'autre

III

túmulo — ̶v̶a̶ fatalidade
— pai — "ele tinha que
        morrer —"
        mãe não quer
        que falem assim
        do seu fruto —
— e pai retorna
ao destino cum-
prido enquanto
                criança

113 [111]

.

III

tombeau — ̶v̶a̶ fatalité
— père — " il devait
*   mourir — "*
*   mère ne veut pas*
*   qu'on parle ainsi*
*   de son fruit —*
— et père revient
à destinée accom-
plie en tant
*   qu'enfant*

III

terra fala —
    mãe confundida com
terra
por cova cavada
    por criança — onde
  ela estará ————
    mais tarde —

114 [112]

III

terre parle —
    mère confondue à
terre
par fosse creusée
    par enfant — où
  elle sera ————
    plus tard —

criança
resta irmã, que
levará um irmão
futuro
   — ela isenta
desta tumba pra
pai mãe e filho
— por seu casamento.

115 [113]

•

enfant
sœur reste, qui
amènera un frère
futur
   — elle exempte de
cette tombe pour
père mère et fils
— par son mariage.

dor — não lágrimas
vãs — tombando
em ignorância — mas
emoção, ~~te n~~ nutrin-
do tua sombra
que se aviva em nós

———

instalando-a

—

tributo vital
　　pra ele —

116 [114]

•

douleur — non larmes
vaines — tombant
en ignorance — mais
émotion, ~~te n~~ nourris-
sant ton ombre
qui se vivifie en nous

———

l'installant

—

tribut vivifiant
　　pour lui —

não chores tão alto
ele pode ouvir

———

filha tomada de estupor

*ne pleure pas si haut
il entendrait —*

———

fille frappée de stupeur

Quê! teria ele nascido pra
                mãe
não ser   tão belo
                      tão
e o pavor paterno
danando seu sangue
— a mãe — sim, feita
pra ser, seus olhos — de que
vale tanto espírito —
    ele viverá! (grito final)
                  cuidados, etc.?
   ao menos morto
o toma sem ele

118 [116] [37]

Quoi ! était-il donc né pour
                mère
ne pas être   *trop beau*
                  trop
et effroi chez le père
maudissant son sang
— la mère — si, fait
pour être, ses yeux — à quoi
bon tant d'esprit etc. —
    il vivra ! (cri dernier)
             soins, etc.?
   au moins mort
prends le sans qu'il

                              (2
                    ou mãe
saber
      (talvez, ele se afaste
      de mim,

      e tão terrível sacrifício

— pai reunirá
tudo mais tarde ao
      prolongar
            seu ser
                  reabsorvendo
                  etc.

                        •

                                    (2
                              ou mère
            le sache
                  (parfois, il se détourne
                  de moi,

                  et si terrible sacrifice

            — père raccordera
            tout plus tard en
                  prolongeant
                        son être
                              résorbant
                              etc.

Pai silencioso
      princípio do pensar

—

  ah! o horrível segredo
de que sou detentor
           (que fazer

—

  me tornarei
      sombra de seu
         túmulo
ignoto —

—

     que ele tem de
     morrer

•

Père silencieux
      début de pensée

—

  oh ! l'horrible secret
dont je suis possesseur
        (qu'en faire

—

  deviendrai
     l'ombre de son
       tombeau
non su —

—

    qu'il doit
     mourir

repercussão
~~imortalidade~~
   eternidade
~~jus~~expirada em
      nosso amor
— ele nos prolonga
além

   —

     (em troca
    nós lhe
      damos vida

fazendo-nos
  pensador

121 [119][38]

·

contrecoup
~~immortalité~~
*   éternité*
~~jus~~expirée en
*   notre amour*
— il nous prolonge
* au delà*

*   —*

*   (en échange*
*   nous lui*
*   rendons vie*
en nous faisant
* penseur*

X

       ternamente: não convém
              mais chorar
não <u>choremos mais</u>
eis tu
      homem
  — eu posso dizer
      o que tu não sabes
que foste traído —
     mentira, etc —

_____

velho ateu
  deus de sua raça
        — como poeta
— aquele que não
        — como homem
incita
  cada gesto nosso
        etc.
    — o ouro!

122 [120][39]

•

     X

    tendrement: il ne faut
        plus pleurer
ne <u>pleurons plus</u>
te voici
    homme
— je puis te dire

    ce que tu ne sais pas
que tu fus trahi —
    mensonge etc —

_____

vieux athée
  dieu de sa race
      — comme poète
— celui qui pas
      — comme homme
remue
  chacun de nos gestes
      etc.
    — l'or !

depois, não tu não o
tomarás

123 [121][40]

Sim —   (1
    eu reconheço
teu poder ó morte
em tuas tramas
    — tu o tomaste —
ele é só espírito
em nós — etc.
impotente contra o gênio humano
  mas morte humana
  enquanto humanidade
  século voz túmulo

•

après, non tu ne le
prendras pas
Oui —   *(1*
    je reconnais
ta puissance ô mort
en tes dessous
    — tu l'as pris —
il n'est plus qu'esprit
en nous — etc.
impuissante contre le génie humain
  mais mort humain
  tant qu'humanité
  siècle voix tombeau

                    cova
terra — rasgo aberto e
nunca cheio
        — só por céu
        — terra indiferente
        tumba
            não flores
coroas, nossas
festas e nossa vida

124 [122][41]

•

                    fosse
terre — trou ouvert et
jamais comblé
        — que par ciel
        — terre indifférente
        tombe
            non fleurs
bouquets, nos
fêtes et notre vie

(1

pequenino
que morte pode levar
a ignorando
— mas moço
aflito — já
nele — nem ouso
suportar esse olhar
cheio de futuro
— ah! bem, <u>mal</u>

•

(1
petit enfant
que mort peut pendre
l'ignorant
— mais jeune
homme irrité — déjà
en lui — je n'ose
soutenir ce regard
plein de futur
— eh ! bien, <u>mal</u>

126 [124]

da raça em
　　mim —
que esse olhar
segue além no
futuro (absoluto)
nossa reunião

———

tem que —
　em qual rito?
inumá-lo em nome
de raça, ancestres, com

•

de race dans
　　moi —
que ce regard
suit au delà en
futur (absolu)
notre réunion

———

faut-il —
　　selon quel rite?
l'inhumer en nom
de race, ancêtres, avec

(3

127 [125]

imortalidade
— ou meu
novo —

.

(3

immortalité
— ou le mien
nouveau —

X

           (1

cemitério

necessário ir lá
pra renovar
      laceração
dor — pelo
         ente querido
ideia de ~~morte~~ ali
_____

quando a ilusão
tão forte de tê-lo
pra sempre consigo
_____

não, tu não és um morto
— não estarás em meio
aos mortos, sempre em nós

128 [126]

·

X

       (1

cimitière

nécessaire d'y aller
pour renouveler
      déchirure
douleur — par
      l'être cher
idée de ~~mort~~ là

_____

quand l'illusion
trop forte de l'avoir
toujours avec soi
_____

non, tu n'es pas un mort
— tu ne seras pas parmi
les morts, toujours en nous

(2

129 [127]

se torna um
prazer (não muito
amargo) pra nós —
e injusto pra quem
jaz lá embaixo, e é
<u>na verdade</u> privado
de tudo aquilo a que
nós o associamos.

———

•

(2

devient une
jouissance (point assez
amère) pour nous —
et injuste pour celui
qui reste là bas, et est
<u>*en realité*</u> *privé*
de tout ce à quoi
nous l'associons.

———

mãe identidade
      de vida morte
          pai retoma
ritmo aqui tomado
do ninar de
  mãe
    suspense — vida
        morte —
poesia — pensamento

130 [128]

•

mère identité
      de vie mort
          père reprend
rythme pris ici
du bercement de
  mère
    suspens — vie
        mort —
poésie — pensée

131[42]

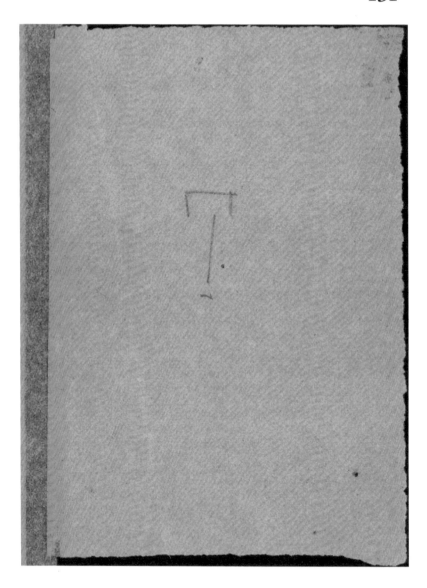

(1

não morte — tu não o
enganarás —
— tiro vantagem por
tudo que o enganas
— por sua feliz
    ignorância
— por outro lado
de ti o retomo
    pro túmulo ideal

·

(1

non mort — tu ne le
tromperas pas —
— je profite de
ce que tu le trompes
— pour son hereuse
    ignorance à lui
— mais d'autre part
je te le reprends
    por le tombeau idéal

(2   **133 [130]** [43]

eu quero tudo sofrer
~~ain~~ por ti
 que ignoras —
 nada será
subtraído (só de
ti) do luto inaudito

———

eu sou eu, o homem
que terias sido

———

— pois vou, de

·

       (2
je veux tout souffrir
~~*ain*~~ *pour toi*
 qui ignores —
 rien ne sera
soustrait (qu'à
toi) du dueil inouï

———

et c'est moi, l'homme
que tu eusses été

———

— car je vais, à

(3

134 [131]

hoje em di-
ante — σ <u>ser-te</u>

———

pai e mãe a
   dois
      amor deles

      ideia da criança

———

à mãe
   chora tu
      — e eu, eu penso

·

        (3

dater de main-
tenant — ł' <u>t'être</u>

———

père et mère à
   deux
      leur amour

      idée de l'enfant

———

à mère
   pleure toi
      — moi, je pense

(1

135 [132]

Túmulo

—

I. o quê!... eis o soluço
  o protesto indignado
    lançado ao infinito
II. tomar para si
  todos os seus sofrimentos
    meio —
e III. então, podemos, olhos
  ao céu alçados —

———

traçar a linha final e calma
do pesado túmulo —

•

(1
Tombeau

—

I. quoi !... ici le sanglot
  la protestation idignée
    projetée à l'infini
II. prendre sur soi
  toutes ses souffrances
    moyen —
et III. alors, on peut, yeux
  levés au ciel —

———

tirer la ligne finale, et calme
du lourd tombeau —

(2   ***136 [133]***

gravemente —
coisa tão penosa
antes ————
mas não sem
(sacrifício de
alegrias?) lançar
ainda nesta
linha ~~rígid~~ sinistra
e do apagamento
as derradeiras flores
antes pra ele lamentadas

.

(2

gravement —
chose si pénible
avant ————
mais non sans
(sacrifice de
jouissances?) jeter
encore sur cette
ligne ~~rigid~~ sinistre
et d'effacement
les dernières fleurs
jadis pour lui regrettées

137 [134][44]

           (1

Sim Senhor
  sim estais
      morto
É assim ao menos
que o vosso
comunicado

  ———

  e rir por dentro
de mim — terrível !
ao escrever aqui o vosso —
    vós que vereis
   bem, ó meu — bem

                         .

                         (1

Oui Monsieur
  oui vous êtes
      mort
C'est ainsi du moins
que votre lettre de
faire-part

  ———

  et rire au dedans
de moi — affreux !
en écrivant ceci est le vôtre —
    vous qui verrez
   bien, ô mon — bien

(2

138 [135]

amado — que
se eu não pudesse
vos enlaçar
vos apertar em
meus braços
— é porque estais
em mim

Caro companheiro nas
horas que eu chamava
erradas, e não
menos mais tarde naquelas
que mais tarde chamo

.

(2

aimé — que
si je ne pouvais
vous étreindre
vous presser en
mes bras
— c'est que vous étiez
en moi

Cher compagnon des
heures que je disais
mauvaises, et non
moins plus tard de celles
que plus tard je dis

(3   **3 [2]**[45]

melhores —
como se ele ~~quando~~
ainda existisse —
fosse o que fosse,
qualificativos
digno — etc.
as horas quando
fostes e
não fostes —

•

(3

meilleures —
comme s'il ~~quand~~
était encore —
quelqu'ils fussent,
des qualificatifs
digne — etc.
les heures où
vous fûtes et
fûtes pas —

                                    (1

139 [136]

eu —
    talvez —
a ambiguidade
        que isso possa!

                        •

                                        (1

moi —
    peut-être —
l'ambiguïté
        que cela se puisse !

(2   **140 [137]**[46]

dor ~~ed~~ e doces
   alegrias
     da aparição
      doente

.

(2
peine ~~et j~~ et jouissances
douces
du revenant
malade

mãe
   ele não vai viver!

———

dois

—

pai, perante
      túmulo
   (afasta mãe?
      depois aparece?

————

•

mère
   il ne vivra pas !

———

deux

—

père, devant
      tombeau
   (écarte mère ?
      puis revient ?

————

142 [139]

3ª parte
— pai sacrificador
se prepara —
mas ideia resta e
(dele)
tudo edificar por cima —

e ofertar ao absoluto?

·

3ème partie
— père sacrificateur
se dispose —
mais idée reste et
(de lui)
tout édifier là dessus —

et offre à absolu?

2ª parte

amargo
   — ah ! tão melhor que
não homem
       mas seu olhos
       mas sua boca
— quem fala assim? talvez
sua amante.
—

ó amante, filha que eu teria
amado
—

aparecer à mãe?

.

2ᵉᵐᵉ partie

amer
   — ah ! tant mieux que
pas homme
       mais ses yeux
       mais sa bouche
— qui parle ainsi ? peut-être
son amante.
—

ó amante, fille que j'êusse
aimée
—

revenir à mère ?

2ª parte

visto, aparecido morto, pela
doença — olhos, bem
querem verter esperança.
    — fingir consentir
em brincar, com indiferença
——

    ele sabe sem saber
e nós o choramos sem
lhe mostrar
basta de lágrimas — é
introduzir a morte —

144 [141] [47]

•

2ᵉᵐᵉ partie

vu, revenu mort, à travers
maladie — yeux, veulent
bien verser espoir.
    — faire semblant consentir
à jouer, avec indifférence
——

    il sait sans savoir
et nous le pleurons sans
le lui montrer
assez de larmes — c'est
introduire la mort —

1ª parte   **145 [142]**

—
sentimos — golpe fatal
alumiando a alma —
que morte —
    e (trovão) tudo isso
que soçobra
—

    sonho de lhe deixar um

                    nome etc.

                            •

                    1ʳᵉ partie

                    —

                    on sent — coup fatal
                    illuminant l'âme —
                    que mort —
                        et (tonnerre) tout ce
                    qui s'écroule
                    —

                        rêve de lui laisser un

                                nom, etc.

já tão mudado que
não é mais ele —
        e a <u>ideia</u> (dele) <u>sim</u>!
assim se livra pouco
a pouco.

———

mais tarde, do momento
em que morte plana ——

146 [143]

*déjà si changé que
ce n'est plus lui —
        et l'<u>idée</u> (de lui) <u>si</u> !
ainsi se dégage peu
à peu.*

———

*plus tard, du moment
que mort plane ——*

doente
 considerado
  morto
já amamos aquele objeto
"que lembra ele!"
arrumar
———————

e por vezes esperança
rasga essa ficção
de morte
"não — ele vai viver ! —

147 [144]

•

malade
 considéré
  comme mort
on aime déjà tel objet
"que le rapelle !"
ranger
———————

et parfois espoir
crève cette fiction
de mort
"non — il vivra ! —

vida refugiada em nós
ou a nossa pavor —
　　horror de oco
　　　se apega

―――

fazer seu sacrifício —
――

ou poemas, pra
mais tarde, depois
de nós, morte —
ser

(v°)

~~emória de Ch. Baudelaire)~~

148 [145][48]

·

vie réfugiée en nous
ou la notre effroi —
　　horreur de trou
　　　s'attache

―――

en faire le sacrifice —
――

ou poèmes, pour
plus tard, après
nous, mort —
être

(v°)

~~*émoire de Ch. Baudelaire)*~~

        que jamais
olhos futuros
            cheios de terra
se
  velem de tempo

———

(vº)

~~monumento~~
~~Poe~~

                    que jamais
          yeux futurs
                    pleins de terre
ne se
  voilent de temps

———

(vº)

~~*monument*~~
~~*Poe*~~

Pr X

150 [147]

Não posso acreditar
nisso tudo que
aconteceu —
————O
recomeçar em
espírito além —
o sepultamento

etc. —

.

Pr X

Je ne peux pas croire
à tout ce qui s'est
passé —
————Le
recom[m]encer n
esprit au delà —
l'ensevelissement

etc. —

X

        Morte!

Ah ! tu pensas que
podes levá-lo de mim
assim — dessa
mãe
   — de mim
        pai

———

confesso que podes
          muito

151 [148]

X

       Mort !

Oh ! tu crois que
tu me le prendras
ainsi — à cette
mère
   — à moi
       père

———

j'avoue que tu peux
        beaucoup

X

        (1

que queres, doce
visão adorada —
que tanto vens
até mim, te
inclinar — como a
ouvir segredo (destas
lágrimas) —
saber que estás
morto
— o que ignoras?
— não eu não

      ·

      X

        (1

que veux-tu, douce
vision adorée —
qui viens souvent
vers moi, te
pencher — comme
écouter secret (de
mes larmes) —
savoir que tu es
mort
— ce que tu ignores ?
— non je ne

X

(2

te direi
nada — pois assim
sumirias —
e eu ficaria só
chorando, tu, eu,
fundido, tu chorando-te
criança
em mim
o homem
futuro que não
serás, e que fica
sem vida ou alegria.

X

(2

te le dirai
pas — car alors tu
disparaîtrais —
et je resterais seul
pleurant, toi, moi,
mêlé, toi te pleurant
enfant
en moi
l'homme
futur que tu ne seras
pas, et qui reste
sans vie ni joie.

X
—— 3

visão
sem parar depurada
por minhas lágrimas

.

X
—— 3

vision
sans cesse épurée
par mes larmes

154 [151]

X   ***155 [152]***

fim de I

pro-   Ele, morto
cesso   ~~visto~~ tão lindo,
          criança
— e que o pavor
        feroz
de morte tomba
nele (perturbado por
grito de mãe) com
o homem que deveria
ser (visto neste
        instante supremo

pra dar leito de
        morte

·

X

fin de I

pro-   *Lui, mort*
cédé   *~~vu~~ si beau,*
        enfant
— et que l'effroi
       farouche
de mort tombe sur
lui (dérangé par
cri de mère) avec
l'homme qu'il eût
du être (vu en cet
       instant suprême

pour rendre lit de
      mort

ah — desde
que ele não saiba
nada — não
desconfie*

—

   (durante doença

— mas donde traição
*a morte
    ignorada —

156 [153]

.

oh — porvu
qu'il n'en sache
rien — ne
se doute pas *

—

   (pendant maladie

— mais d'où trahison
* la mort*
    ignorée —

X
não, não
posso lançar terra
do olvido

———

(terra mãe
     retoma-o
em tua sombra

—

e também o seu
espírito em mim

mãe sangrou e chorou
pai sacrifica — e diviniza

X

non, je ne
puis jeter terre
de l'oubli

———

(terre mère
     reprends le
en ton ombre

—

et de même son
esprit en moi

mère a saigné et pleuré
père sacrifie — et divinise

158 [155][50]

     II
não eu —
   em mim —
   ————

e ausência —
————

  opos. IV ou IV
  o sempre
   si, nada
         que se
  senão si!   ama —
torturando a alma
   delicada

    •

      II
* pas moi —*
*   en moi —*
*   ————*

* et absence —*
————

* oppos. IV ou IV*
* le toujours*
*   soi, rien*
*   qu'on*
* que soi! aime —*
torturant l'âme
*   délicate*

X

(1

subentender
talvez a
cerimônia
— pompas fúnebres
etc. — em suma o que
o mundo viu —
(enterro
   missa?

pra trazer de volta

.

X

(1

sous entendre
peut-être la
cérémonie
— pompes funèbres
etc. — bref ce qu'a
vu le monde —
(enterrement
   messe?

pour ramener

(2

160 [157]

isso à intimidade
— o quarto —
vazio — ausência —
aberto — o
momento em que sua
ausência finda,
pra ele estar
em nós—

—

isso seria essa
3ª parte —

•

(2

cela à l'intimité
— la chambre —
vide — absence —
ouverte — le
moment où son
absence finit,
pour qu'il soit
en nous —

—

ce serait cette
3ᵉ partie —

(3   **161 [158]**[51]

depois que ele foi
levado, ~~fim de I~~
saiu do quarto —

— ver então
  como II — "a
~~qual seria a~~
~~de~~ doença e
fantasminha" —
se enquadrariam —
— III aparição

•

(3

après qu'il a été
enlevé, ~~fin de I~~
parti de la chambre —

— voir alors
  comment II — " la
~~quelle serait la~~
~~de~~ maladie et
le petit fantôme " —
s'encadreraient —
— III revenant

(4

162 [159]

por cima, perto
do fim de II —
morte —

assim móveis
imortalidade
—

e fundo de natureza
I — ele não vai mais
brincar — se fundindo
ao campo
onde repousa?
—

.

(4

par dessus, vers
la fin de II —
mort —

ainsi meubles
immortalité
—

et fond de nature
I — il ne jouera
plus — se mêlant
à campagne
où il repose ?
—

particularizar?
X
Ah! peito adorável
ó minha imagem
ali dos demasiado grandes
destinos —
que criança
como tu —
eu sonho
ainda
sozinho ——
no porvir —

163 [160][52]

·

particulariser ?
X
Ah ! coeur adorable
ô mon image
là bas des trop grands
destins —
qu'enfant
comme toi —
je rêve
encore
tout seul ——
en l'avenir —

X
         (1

Ah! tu sabes bem
que se consinto
em viver — em parecer
te esquecer —
é pra ~~que~~
alimentar a dor
— e que esse esquecimento
aparente
    jorre mais
vivo em lágrima,

164 [161]

•

     X
        (1

Oh ! tu sais bien
que si je consens
à vivre — à paraitre
t'oublier —
c'est pour ~~que~~
nourrir ma douleur
— et que cet oubli
apparent
    jaillisse plus
vif en larme, à

(2

165 [162]

num momento
    qualquer, no
    meio desta
    vida, quando tu
    me surges

·

(2

un moment
    quelconque, au
    milieu de cette
    vie, quand tu
    m'y apparais

X
(1

tempo — do corpo
pra se obliterar
por terra — (se con-
fundir pouco a pouco
com terra neutra
em vastos horizontes)

é aí que ele
solta o espírito
puro que nós

166 [163]

.

X
(1

temps — que corps
met à s'oblitérer
en terre — (se con-
fondre peu à peu
avec terre neutre
aux vastes horizons)

c'est alors qu'il
lâche l'esprit
pur que l'on

(2
                                   167 [164]

fomos — e que era
ligado a ele, orga-
nizado — que
pode, puro se re-
fugiar em nós,
    reinar
~~tronar~~ em nós,
sobreviventes
— (ou na

                         •

                                        (2
                         fut — et qui était
                         lié à lui, orga-
                         nisé — lequel
                         peut, pur se ré-
                         fugier en nous,
                             régner
                         ~~*trôner*~~ *en nous,*
                         survivants
                         — (ou en

(3

168 [165]

pureza absoluta,
sobre a qual o
tempo pivota e
se refaz —
   (outrora em Deus)
   o estado mais divino
   ———

.

(3

la pureté absolue,
sur laquelle le
temps pivote et
se refait —
   (jadis en Dieu)
   état le plus divin
   ———

X

eu que o sei
por ele   carrego um
          terrível
          segredo!
   pai —
   ele, muito
criança pra
essas coisas

———

   eu o <u>sei</u>, é
nisso que <u>seu ser</u> se
perpetua —

169 [166]

•

X

moi qui le sais
pour lui   porte un
*   terrible*
*   secret !*
*   père —*
*   lui, trop*
enfant pour
de telles choses

———

*   je le <u>sais</u>, c'est en*
cela que <u>son être</u> est
perpetué —

eu o sinto em mim
que <u>quer</u> — se não
a vida perdida,
ao menos, o equi-
valente —

a morte
— onde somos privados
de corpo
— nos que ficam

170 [167]

·

je le sens en moi
qui <u>veut</u> — sinon
la vie perdue,
du moins, l'equi-
valent —

la mort
— où l'on est dépouillé
de corps
— en ceux qui restent

X   **171 [168]**

      (1

e então III
  lhe falar assim
    não é que
Amigo, ~~diz que~~
tu triunfas
~~não~~ não é
liberto de ~~teu~~ todo
~~me~~ peso da
vida
— do velho
mal de viver
    (ah! eu

·

      X

        (1

et alors III
  lui parler ainsi
    n'est-ce pas que
Ami, ~~*dis que*~~
tu triomphes
~~*n'es*~~ *n'est-ce pas*
dégagé de ~~*ton*~~ *tout*
~~*ma*~~ *poids de la*
vie
— du vieux
mal de vivre
    (oh ! je

172 [169]

(2

tão forte
te sinto — e que tu
bem estás
sempre co-
nosco, pai, mãe,
~~perto~~ — mas
livre, criança
eterna, por tudo
de uma só vez —
————

e por baixo
    — posso

.

(2
bien fort
te sens — et que tu
te trouves bien
toujours avec
nous, père, mère,
~~prés~~ — mais
libre, enfant
éternel, et partout
à la fois —
————

et les dessous
    — je peux

(3

173 [170]

dizer isso porque
guardo toda minha
dor por nós —
— a dor de
não ser — que
tu ignoras
  — e que eu
me imponho
  (enclausurado, e
mais, fora da

.

(3

dire cela parce que
je garde tout ma
douleur pour nous —
— la douleur de
ne pas être — que
tu ignores
  — et que je
m'impose
  (cloîtré, du
rest, hors de la

(4

174 [171]

vida aonde me
levas
    (depois de abrir
pra nós um
mundo de morte)

———

•

        (4

vie où tu me
mènes
    (ayant ouvert
pour nous un
monde de mort)

———

X

175 [172]

(1

o sepultamento
moral
— pai mãe
Ah
   não o cubra
não ainda
   etc. —

amiga a terra espera
— o ato piedoso, de
cobri-lo
       — deixa

X

(1

l'ensevelissement
moral
— père mère
Oh
   ne le cache
pas encore
   etc. —

amie la terre attend
— l'acte pieux, de
le cacher
      — laisse

(2

176 [173]

a outra mãe —
comum de
todos os homens —
   (na qual vai
o leito — onde ele está
agora)
tomá-lo
— deixa os
homens que vieram
— ah ! os

.

(2

l'autre mère —
commune de
tous les hommes —
   (dans laquelle va
le lit — où il est
maintenant)
le prendre
— laisse les
hommes apparus
— oh ! les

(3

177 [174]

os homens — esses
   homens (fune-
   rários — ou
   amigos?)
        levá-lo
seguido de lágrimas
      — etc. —
   rumo terra
   mãe de todos

.

(3

les hommes — ces
   hommes (croque
   mort — ou
   amis ?)
        l'emporter
suivi de larmes
      — etc. —
   vers terre
   mère à tous

                    (4   **178 [175]**

mãe de todos — a
dele agora
            e
(pois que participa
    já de <u>ti</u>, tua
    cova cavada, por
    ele? —)
            ele
tornado — rosto
    homenzinho
    grave de homem
    ———

                        .

                                (4
                mère à tous — la
                sienne maintenant
                        et
                (puisqu'elle participe
                    déjà de <u>toi</u>, ta
                    fosse creusée, par
                    lui ? —)
                            lui
                devenu — visage
                    petit homme
                    grave d'homme
                    ———

179 [176]

X
cúmplices
de morte

é

durante
doença
— eu
pensando
mãe — ?
e sabendo

X
complices
de mort

c'est

pendant
maladie
— moi
pensant
mère — ?
et sachant

fechar os olhos
— não quero
  fechar os olhos
        — que me enca-
        rarão pra sempre
  ou morte à parte
  olhos fechados, etc.
  nós o revemos em doença
lutando contra esse estado
prostrado —

180 [177][53]

·

fermer les yeux
— je ne veux pas
  fermer les yeux
        — qui me regar-
        deront toujours
  ou mort à part
  yeux fermés, etc.
  on le revoit en maladie
luttant contre ce état
gisant —

corpinho
posto de lado
por morte
uma mão

que pouco
antes era ele

— e grito, quase sem
dar atenção a esse
corpo à parte —
    Ó meu filho
como para a um céu
instinto espiritualista

181 [178]

·

petit corps
mis de côté
par mort
une main

qui un instant
avant était lui

— et cri, sans presque
faire attention à ce
corps mis à part —
    Ô mon fils
comme vers un ciel
instinct spiritualiste

X

suspense
— ruptura —
parte

—

Ah! tal sacrifício —
pra isso negar
sua vida
— pra sepultar

—

falemos dele
ainda, evoquemos
— na verdade, silêncio

182 [179][54]

•
X

suspens
— rupture —
partie

—

Oh ! ce sacrifice —
pour cela nier
sa vie
— pour ensevelir

—

causons de lui
encore, évoquons
— en réalité, silence

X

183 [180]

            (1

ruptura | em dois

escrevo — ele
     (sob terra)
          decomposição
mãe vê —
      o que devia
          ignorar
————

  após doença ele aparece
até que ~~com~~, todo
depurado! (por dor) e
deitado — tão lindo morto
— só ficção túmulo
(sumimos com ele —
pra que fique em

•

        X

          (1
   rupture | en deux

j'écris — lui
    (sous terre)
        décomposition
mère voit —
     ce qu'elle devrait
        ignorer
————

  puis maladie il revient
jusqu'à ce que ~~com~~, tout
épuré ! (par mal) et
couché — si beau mort
— que fiction tombeau
(on le fait disparaître —
pour qu'il reste en

184 [181]

(2

nós

    seu <u>olhar</u>

        (consciência)

— por tempo
olhou durante
  doença

———

  ou então
    triunfo
após —

      3ª parte

ruptura entre I e II
  e entre ~~II e IV~~
    II e III
  tudo se liga

    —

      •

        (2

nous

    <u>son regard</u>

        (conscience)

— longtemps
regardé pendant
  maladie

———

  ou alors
    triomphe
après —

      3ᵉ partie

rupture entre I et II
  et entre II et IV
    II et III
  tout se rattache

    —

X
não saber sua
felicidade
    quando <u>está</u>
lá — .. achou tão
natural
————

    conectar
       à inconsciência
        de morte —
————————————

185 [182]

•

X
ne pas savoir son
bonheur
    quand il <u>est</u>
là — .. trouvé cela
si naturel
————

    relier
       à l'inconscience
        de mort —
————————————

X
verdadeiro luto
no apartamento
— não cemitério —

móveis

186 [183]

.

X
vrai deuil en
l'appartement
— pas cimitière —

meubles

X
achar <u>ausência</u>
<u>apenas</u> —
— em presença
de roupinhas
— etc. —
mãe.

•

X
trouver <u>absence</u>
<u>seule</u> —
— en présence
de petits vêtements
— etc. —
mère.

            X
     marinheirinho —
roupa posta
 quê!
— pra grande
                travessia
uma onda te levou
                ascite
          mar, ~~hidropisia~~

                    ·

              X
       petit marin —
costume mis
quoi !
— pour grande
                    traversée
une vague t'emporta
                    ascite
            mer, ~~hydropisie~~

188 [185][55]

Pr X
(1

ficção
  da ausência
    por mãe guardada
—   apartamento
não   "eu não sei
    o que foi que eles
    fizeram — eu não na
    aflição e nos
    prantos de então
    — eu sei so-
____

mas M — seguiu ao cemitério.

•

Pr X
(1

fiction
  de l'absence
    gardée par mère
—   *appartement*
non   *" je ne sais pas*
    ce qu'ils en ont
    fait — je n'ai dans
    le trouble et les
    pleurs d'alors
    — je sais seule-
____

mais M — a suivi au cimitière.

(2

mente que ele não está
mais aqui

    e sim, está — ausente —
daí a própria mãe
tornada fantasma —
espiritualizada por
hábito de viver
com uma visão

190 [187][57]

•

(2

ment qu'il n'est plus
ici

    et si, il y est — absent —
d'où mère elle-même
fantôme devenue —
spiritualisée par
habitude de vivre
avec une vision

(3   **191 [188]**

equanto ele
pai — que
construiu o
túmulo —
  murou…
         sabe
— e seu espírito
não vai afinal bus-
car os traços de

destruição
              e trans-
                mutar em
              espírito
              puro?

                  •

                      (3

tandis que lui
père — qui
construisit le
tombeau —
  mura…
         sait
— et son esprit
n'y va-t-il pas cher-
cher les traces de
             et trans-
destruction   *muer en*
             esprit
             pur ?

(4

192 [189]

de sorte que a
  pureza emerja
  da corrupção!

.

(4

si bien que la
  pureté sort de
  la corruption !

não — eu não
deixarei
　o nada

———

Pai ———— eu
sinto o nada
　me invadir

193 [190]

•

non — je ne
laisserai pas
　le néant

———

Père ————je
sens le néant
　m'envahir

X

e se ao menos
  — espírito —
  eu não dei
sangue certo—

———

que meu pensamento
lhe dê uma
vida mais bela
        mais pura.

———

— e como seu medo de mim — que
penso — ao lado dele —

194 [191]

•

X

et si au moins
  — esprit —
  je n'ai pas donné
sang suffisant —

———

que ma pensée
lui fasse une
vie plus belle
      plus pure.

———

— et comme sa peur de moi — qui
pense — à côté de lui —

Quê, o que digo
é verdade — não é
mera
música —
etc.

195 [192]

•

*Quoi, ce que je dis
est vrai — ce n'est
pas seulement
musique —
etc.*

coroas

196 [193]

nos sentimos obrigados
a lançar nesta terra
que se abre diante
da criança — as mais
lindas coroas —
os ~~flores~~ mais lindos
produtos, desta
terra — sacrificados
— pra velar

•

bouquets

on se sent obligé
de jeter en cette terre
qui s'ouvre devant
l'enfant — les plus
beaux bouquets —
les ~~fleurs~~ plus beaux
produits, de cette
terre — sacrifiés
— pour voiler

197 [194]

(2

(ou fazê-lo
pagar a pena—

———

.

(2

*(ou lui faire
payer son forfait —*

———

198 [195]

      (1
  II
 luta
 dos dois
  pai e filho
um por
conservar filho em
pensamento — ideal —
outro por
viver, se erguendo
etc. —
— interrupcões
  eiva)
—

         ·

       II (1
      lutte
      des deux
       père et fils
     l'un pour
     conserver fils en
     pensée — idéal —
     l'autre pour
     vivre, se relevant
     etc. —
     — interruptions
       carence)
     —

199 [196]

(2

assim
 e mãe cuida
bem —
 cuidados de mãe
cortando pensamento
 — e criança
 entre pai que o
pensa morto, e mãe
vida —
——" cuida bem
 etc.
 — donde

.

(2

ainsi
 et mère soigne
le bien —
 soins de mère
interrompant pensée
 — et enfant
 entre père qui le
pense mort, et mère
vie —
——" soigne le bien
 etc.
 — d'où

(3

200 [197]

Só em III
que <u>fulgor</u> disso
(fratura) causado
por grito de I —
~~e~~ se reúne
pouco a pouco —
tudo acabado

.

(3

*Ce n'est qu'en III
qu'<u>éclat</u> de ceci
(brisure) causé
par cri de I —
~~et~~ se raccorde
peu à peu —
tout fini*

criança

   (fim

destino
terra o chama de
consolador

    —

201 [198][58]

·

   enfant

     (fin

  destinée
terre le dit
consolante

    —

O pai <u>grave</u>
　　cabe somente
　　　　a mim
depois de dar-lhe o ser
　　não deixá-lo se
　　perder
　　　　— aflição
e mãe — não quero
que ele cesse
　　　　(aí <u>ideia</u>!)

202 [199]

•

Le père <u>grave</u>
　　c'est à moi
　　　　qu'il appartient
ayant donné l'être
　　de ne pas le laisser
　　perdre
　　　　— trouble
et mère — je ne veux
pas qu'il cesse
　　　　(<u>idée</u> là !)

surgida!
  — sombra   (1
          desgraça
mãe e filho
            até o porto
do pobre dia
que eu nem
suspeitava

203 [200][59]

•

apparue !
  — ombre   *(1*
         malheur
mère et fils
          jusqu'au port
du jour pauvre
et dont je ne me
doutais pas

                    (2   **204 [201]**[60]

se não é
        castigo
    as crianças de outras
                        classes
    ————
enquanto
    furiosa
    contra todos
        sociedade vil
        que o devia
                esmagar
                    talvez

                        •

                            (2
            si ce n'est
                    châtiment
                les enfants des autres
                                classes
            ————
            alors que
                furieuse
                contre tous
                    société vile
                    qui devait
                        l'écraser
                            peut-être

pela guerra de um
   mal
   nisso
   me apanha
      padre

205 [202][61]

 •

par la guerre d'un
   mal
   me ratrappe
   à cela
      prêtre

Walt Whitman, escolha **206**[62]

.

Walt Whitman, choix

Álbum Guys

Album Guys

Os Contos de Madame
de Châtelain

—

~~La~~ Ducroq?

•

*Les Contes de Madame
de Châtelain*

—

~~La~~ Ducroq ?

Álbum
de dia do Ano
— quadra e
desenhos

——

•

Album
de jour de l'An
— quatrain et
dessins

——

nas 2ᵃˢ Edições
da Mitologia
recebo 400 f. com Rotshchild

donde o In-
glês
100 f. com Truchy

210[64]

•

aux 2ᵉᵐᵉˢ éditions
de la Mythologie
je reçois 400 f. chez Rothschild

de ce que c'est que l'An-
glais
100 f. chez Truchy

a criança suprimida
— o amor é apenas
um voto infantil
        infinitude
sem a criança nenhum
elã bastante vasto —
        rumo ao qual
porque é rumo a um
corpo-de-Si

a criança que será
a si — família —
e semeador por sua
        vez

[*Folhas isoladas*][65]

•

l'enfant supprimé
— l'amour n'est
qu'un voeu d'enfant
        infinité
sans l'enfant nul
élan assez vaste —
        vers quoi
car c'est vers un
corpo-de-Soi

l'enfant qui sera
soi — famille —
et semeur à son
        tour

NOTAS

[1] Na contagem, a primeira folha é este papel vermelho, de verso branco, que envolve o resto das notas.

[2] Mantenho a ambiguidade de *la vague idée*, que pode ser lido como "a onda / ideia" ou "a vaga ideia", lembrando que "vaga" em português também indica a onda do mar. Aqui aparece pela primeira vez em contexto ambíguo uma palavra que será tema das notas, *mort*, que pode ser muitas vezes traduzida tanto por "morte" quanto por "morto", porque Mallarmé deixa de lado o artigo que resolveria a questão. Escolho caso a caso, embora perceba que não há consenso entre os leitores. Neste trecho a escolha é bem óbvia, porém em outros, como se verá, é bom o leitor ter em mente a possibilidade de trocar o sentido.

[3] Variantes: *sûr*] *sur; fureur contre informe*] *fureur contre enfance* ("furor contra infância").

[4] Variantes: *a la double à / remplir — il a fait / la siene — la douleur le défie / de se sacrifier à qui n'est / plus — l'emportera-elle sur*] *« la double à / remplir — d'enfant / la sienne — la douleur le désir / de se sacrifier à qui n'est / plus l'emporteront-ils sur*] ("a dupla por /cumprir — da criança / e a sua — a dor o desejo / de se sacrificar por quem não mais / existe será que triunfarão sobre"). *Préf* certamente indica "Prefácio", aparece muitas outras vezes.

[5] Um termo central nas notas aparece aqui, ainda por cima sublinhado: *jouer*, que tem tanto o sentido de jogar quanto de brincar. Ele será retomado tanto nas atividades do filho quanto nas do pai como poeta; assim, dado o tema infantil, optei por verter a palavra e todos os correlatos por "brincar".

[6] Outro termo central e ambíguo é *encore*, que significa tanto "de novo" quanto "mais" e mesmo "até este momento", representando tanto o retorno de Anatole como sua vida e morte até agora. A palavra mais próxima para recriar essa tensão em português, creio, é "ainda", que usei em todos os momentos.

[7] Esta folha não é inserida na numeração final de Richard, é editada apenas por Marchal. Mallarmé claramente usa o termo *hymen* com seu sentido etimológico de casamento e, portanto, também de aliança.

[8] Variantes: *jadis*] *tâche* ("tarefa")

[9] Variantes: *mot*] *mal* ("mal").

[10] Variantes: *ses / classes* [*des / ("os"); Moire maudite*] *mains maudites* ("mãos malditas"). A Moira é uma deusa do destino na mitologia grega antiga.

[11] *Laisse nous sur ce mot qui nous confond tous deux* é um caso raro de alexandrino nestas notas, por isso optei por verter ritmicamente também por um dodecassílabo: "Deixa nos na palavra — que confunde os dois".

[12] Variantes: *Manipulations*] *manifestations* ("manifestações").

[13] Variantes: *entend*] *entends* ("ouves").

[14] Marchal não marca o sublinhado, que é notado por Richard e de fato aparece na folha.

[15] Variantes: *titre*] + (Richard sugere *cette* ou *telle*). Marchal considera que este poderia ser o título da terceira parte, caso a palavra *titre* seja realmente a que está na folha; como Richard também não consigo deduzir o que está escrito.

[16] Variantes: *ô toi*] *alors* ("então").

[17] Variantes: *te suis uni*] *te suis moi* ("te sou eu").

[18] Cf. nota a 23 sobre o uso de *hymen*.

[19] Variantes: *nous fumerions / pipe / — et causerions*] *nous cimitière / père / — et conversons* ("nós cemitério / pai / — e conversamos").

[20] Podemos ver neste trecho uma datação de quase um mês após a morte de Anatole, no dia de Finados, em dois de novembro.

[21] Variantes: *ou se revoir*] *ou leur race* ("ou raça deles").

[22] Variantes: *et III*] *en III* ("em III").

[23] A tumba da filha seria diferente pelo casamento, restando apenas a pai, mãe e filho a tumba familiar. Não é o que se deu ao fim, pois Stéphanie Françoise "Geneviève" Mallarmé, morta em 1919, foi parar junto com os pais e o irmão.

[24] *Pr* parece indicar ou *père* ("pai") ou *preface* ("prefácio").

[25] Sobre *Pr* cf. nota a 61.

[26] Variantes: *ignorante*] *ignorance* ("ignorância").

[27] Variantes *ne pas le sentir*] *ne pas te sentir* ("não te sentir").

[28] É essa roupa que vemos em fotos de Anatole e com a qual foi enterrado.

[29] Variantes: *plus de vie*] *plus que vie* ("mais que vida"). A expressão que sigo pode também ser lida como "não mais de vida", de modo que é difícil decidir o sentido.

[30] Variantes: *faite*] *fatale* ("fatal").

[31] O "rio ao lado dele" é o Sena, que passa ao lado do cemitério de Samoreau.

[32] Variantes *pourpre-roi*] *pourquoi* +] ("por que +", que Richard também sugere como *toi*, "tu").

[33] Variantes: pièce] fière ("orgulhosa" ou "nobre", uma proposta de Marchal não incorporada).

[34] Variantes: *Père* —] Richard não edita nem comenta nada, embora a palavra seja muito visível no manuscrito.

[35] Foi por causa da morte de Anatole que os Mallarmé compraram uma concessão no cemitério de Samoreau.

[36] Variantes: Marchal aponta que o segundo *lutte* poderia ser *titre* ("título").

[37] Variantes: *d'esprit etc.*] *d'inquiétude* ("inquitação"); *sans*] *sens* ("senso/ sentido").

[38] Variantes: ~~*jus*~~*expirée en*] ~~*prés*~~ *grâce à* ("~~perto~~ graças a").

[39] Variantes: *athée*] +.

[40] Variantes: *et tes dessous*] *en les dessous* ("por baixo"); *mort humain*] *mort; voix*] *pierre* ("pedra").

[41] Variantes: *fosse*] *cesse* ("cessa").

[42] A folha 131 apresenta apenas traços, sem marca semântica. Não é numerada por Richard.

[43] Variantes: *tout*] *tu* ("tu")

[44] Variantes: *ceci est le vôtre*] *ceci comme / le vôtre* ("isto como o vosso"). A referência à *lettre de faire-part* sugere que este trecho foi escrito logo após a morte de Anatole.

[45] Pelo estilo do papel e pelo tema, além de indicar uma parte "3", tudo indica que ele deve ser lido depois dos números 134-135.

[46] *Revenant* é uma palavra-chave de todo o conceito do túmulo, pois significa "fantasma", "espectro", mas ao mesmo tempo remete ao verbo *revenir* ("retornar"), sugerindo que esse fantasma (que já é o Anatole também em vida, por causa da doença) é um "retornado". Diante da dificuldade das acepções, escolhi o termo "aparição", por sugerir tanto a fantasmagoria quanto o verbo "aparecer", como se fosse uma visita.

[47] Variantes: *espoir*] *le jour* ("o dia").

[48] Variantes: *ou*] *où* ("onde").

[49] A palavra *terre* é conjectura incorporada em todos os editores.

[50] Variantes: *IV ou IV*] *IV ou* +. Somente aqui e na folha 184 (num trecho rasurado) temos alusão a uma quarta parte.

[51] Marchal lê em *la maladie et le petit fantôme* um possível título para a segunda parte.

[52] A palavra *particulariser?* está escrita com lápis vermelho.

[53] Variantes: *gisant*] *gênant* ("horrível").

[54] Variantes: *évoquons*] *éteignoir* ("apagador de vela").

[55] Variantes *coutume mis*] *coutume marin* ("roupa de marinheiro"); *ascite*] *ascète* ("asceta"); *hydropisie*] ++. Em carta de 16 de setembro de 1879 a Cazalis, Mallarmé descreve que as palavras mais frequentes nas visitas médicas a Anatole são "ascite" e "insuficiência mitral"; o poeta liga aqui a primeira delas, junto com a hidropisia (depois apagada) à roupa de marinheiro, como a fazer do filho um morto por naufrágio.

[56] Variantes *mais M*] *mais elle* ("mas ela"); se a leitura de Marchal estiver certa, M deve designar *mere* ("mãe");

[57] A terceira linha apresenta uma ambiguidade gerada pela pontuação: *et si, il y est*, com a vírgula sugere o que traduzi (e como também entende McGuinness), com o *si* lido como "sim"; porém pode ser uma pontuação por respiração, nesse caso seria *se si il y est*, que eu poderia traduzir por "e se ele estiver" (como entende Auster).

[58] Variantes: *fin*] *m*.

[59] Variantes: *malheur*] *ma mère* ("minha mãe"); *port*] + (Richard sugere, sem incorporar, *fond*, "fundo" ou *trou*, "buraco").

[60] Variantes: *tous*] + (embora seja Richard quem sugira a leitura *tous*).

[61] Variantes: *guerre*] *guéri* ("cura"). *prêtre*] *p. être* ("t.vez")

[62] Daqui até 210, temos anotações aparentemente sem relação com Anatole. Este primeiro parece dizer respeito a *Beautés de l'anglais*, uma antologia de literatura de língua inglesa, pela qual Mallarmé recebeu dos irmãos Truchy-Leroy um valor de mil francos em 1878, porém nunca foi publicada.

[63] Talvez diga respeito a *The man of many daughters*, que Mallarmé recebeu no fim de janeiro de 1880.

[64] A Mitologia é provavelmente *Les Dieux antiques*, livro publicado por L. Rotschild em 1879. Mallarmé assinou um contrato com os irmãos Truchy-Leroy em abril de 1878 para um breviário chamado *Mots anglais*, que nunca chegou a ser publicado.

[65] Variantes: *l'amour n'est / qu'un voeu d'enfant / infinité*] *l'amour n'est / qu'un nom d'enfant / informulé* ("o amor é apenas um nome infantil informulado"); *corps-de-Soi*] *corps elle soi* ("corpo ela si"); *l'enfant qui sera / soi — famille — /et semeur à son /tour*] *l'enfant qui sera / roi — famille / l'assumer à son /tour* ("a criança que será / rei — família / o assumir por sua / vez").

SOBRE O TRADUTOR

Guilherme Gontijo Flores nasceu em Brasília em 1984, é poeta, tradutor e leciona latim na UFPR. Estreou com os poemas de *brasa enganosa* em 2013, finalista do Portugal Telecom. Em 2014 lançou o poema-site *Tróiades — remix para o próximo milênio*, publicado como uma caixa no ano seguinte. Em seguida vieram *l'azur Brasé, ou ensaio de fracasso sobre o humor* (2016) e *Naharia* (2017). Esses quatro primeiros livros formam a tetralogia poética *Todos os nomes que talvez tivéssemos* (2020), agora publicada em um só volume.

O poeta também é autor de *carvão : : capim* (2017, em Portugal, 2018 no Brasil) e do poema labirinto *avessa: áporo-antígona* (disponível em escamandro.wordpress.com/2020/07/10/avessa-aporo-antigona-de-guilherme-gontijo-flores), além do romance *História de Joia* (2019).

Como tradutor, publicou *A anatomia da melancolia*, de Robert Burton (2011-2013, 4 vols.), *Elegias de Sexto Propércio* (2014), *Safo: fragmentos completos* (2017) e *Epigramas de Calímaco* (2019), dentre outros. Coescreveu o livro ensaístico *Algo infiel: corpo performance tradução*, junto com Rodrigo Gonçalves e fotos de Rafael Dabul, e é autor do ensaio *A mulher ventriloquada: o limite da linguagem em Arquíloco* (disponível em: zazie.com.br/pequena-biblioteca-de-ensaios).

É coeditor da revista e blog escamandro (escamandro.wordpress.com) e membro do grupo de performance e tradução Peroca Loca.

Toda obra clássica, quando traduzida, assume um novo voo em seu rumo, aponta rotas imprevistas para a sobrevida do texto, que desponta feito pássaro alçado além.

A Coleção Revoada reúne novas aves migratórias no curso do tempo, recriações que apontam caminhos, chocando ovos de todas as matérias.

Este livro foi composto em Adobe Garamond Pro sobre papel Pólen Soft 80g, no verão de 2021, em Curitiba, para Kotter Editorial.